80년 세월이
가져다준 선물들

피아니스트
나광자 회고록

제 삶에 함께 해 주셔서
감사합니다

나광자
2023. 6.

피아니스트
나광자
회고록

80년 세월이 가져다준 선물들

mediazoom

회고록을 출간하며

이 책을 사랑의 하나님께 바칩니다.

하나님께서 저를 이 세상에 보내 주셨기에 일생 동안 일어난 일을 두서없이 적어 올립니다.

하나님께서 제가 걸어온 길을 상세히 알고 계시겠지만 그래도 저 나름대로 지금까지 지켜주신 하나님 은혜가 고마워 회고록을 쓰게 되었습니다.

부끄럽고 두려운 마음에 글을 쓰고 싶지 않았습니다.

그러나 하나님께서 이 나이에 글 쓸 수 있는 건강을 주셔서 기억나는 대로 적어 보았습니다.

더 늦으면 이나마도 쓸 수가 없을 것 같아 용기를 내었습니다.

좋은 일자리 마련해 주시고 나쁜 일은 피하게 해주셔서 감사합니다.

훌륭하신 부모님, 스승님 그리고 좋은 형제, 친구 만나게 해주셔서 감사합니다.

저에게 딱 맞는 배필과 사랑스러운 자녀들을 주셔서 감사합니다.

이 감사한 마음을 하나님께 말씀드리고 싶어서 이 글을 썼습니다.

남은 세월 부끄럽지 않게 살다가 하나님께 가고 싶습니다.

내 모든 삶 주께 올려 드립니다.

2023. 6.
나광자

QR코드를 스캔하여
나광자 피아노리사이틀을
유튜브로 감상해보세요.

나광자 피아노리사이틀
2022년 4월 23일 구서동 가은아트홀

모차르트 소나타
A Major K.331 전 악장

쇼팽
4 Impromptus

회고록을 출간하며　5　　　　　　　　　　　　　　　목차

1장 친가에서 25년

유년 시절　20
내가 겪은 6·25　22
초등학교 시절　32
피아노 공부 시작　35
중학교 시절　38
고등학교 시절　42
정진우 교수님과의 만남　49
대학생활　54
가정교사 생활　58
졸업 독주회　63
사랑하는 친정 형제들　67

2장 결혼과 부산 정착

초량동 신혼집　76
시부모님과 시댁 식구　81
삼성약국　86
동해상호신용금고　89
아들 원배, 영배　91
시부모님의 별세　93

3장 대학교수 생활 I

대학강사가 되다　98
부산에서의 첫 독주회　100
대청장 연주홀　105
전임교수 임명과 바빠진 교단생활　108
산업대학교 콘서트홀　110
부산시립교향악단과의 협연　113
국립교향악단과의 협연　117
부산대학교 교수로　120
예술대학 음악학과 출범　126
세 번째 독주회　129
독일 쾰른 음대 연수　134
만학의 꿈을 품고 대학원 진학　139
미국 노스웨스턴 음대 연수　145
미국 여행과 모차르테움 여름 연수　151
귀한 경험이 된 해외 연수　157

4장 대학교수 생활 II

귀국 후의 바쁜 나날　164
가은아트홀 개관　170
Muse 실내악단 결성과 가은 피아노 페다고지　174
부산 피아니스트들의 그룹 활동　177
예술대학 부학장　185
예술대학 학장 시절　191
예술대학 음악관 개관　198
유럽 순회 여행　203
정년음악회　211
논문과 CD 발행　218

80년 세월이 가져다준 선물들

피아니스트 나광자 회고록

5장 정년 후의 나날들

나의 신앙생활　228
다시 시작된 신앙생활　232
남산제일교회　235
남편에게 부어 주신 성령 세례　238
김해 단감농장(반곡농원)　242
고성 고향 생가 개축　245
부산음악콩쿠르　248
단발머리 친구들　250

부록

부산 음악인 단체　257
기고글　259
개인 독주회와 공연　265
표창과 수상　268
부산시 공연장 개관 연혁　270

1992년 부산국제음악제
(캠버라 목관 5중주와 함께)

❶ 아버지
❷ 어머니
❸ 대학 졸업식에서 부모님과

15년 전 가족사진

❶ 공연을 찾은 시댁 형제들

❷ 부산대 교수 재직 시절 예술관 앞에서
음악학과 교수들과 신수정 교수와 함께

❶ 환갑 때 제자들과 함께

❷ 2022년 독주회 마치고

1장

친가에서 25년

어느 날 언니가 날 보고 "너 피아노 배워볼래?" 하고 물었다. 매일 같이 시끄럽게 노래를 불러대니 음악 쪽에 관심이 있을 거라 생각했던 모양이다. 어쨌든 나는 얼씨구 좋다 하고 우리 집에서 꽤 먼 곳인데도 언니를 따라갔다. 그렇게 나는 피아노를 처음으로 배우게 되었다.

유년 시절

일곱 살에 대흥국민학교(지금은 대흥초등학교)에 입학하여 보문산 밑에 있는 학교까지 걸어 다녔다. 1학년 때 일은 잘 기억나지 않는다. 다만 앞가슴에 이름표와 손수건을 달고 선생님 구령에 맞춰 '하나, 둘' 하며 걸었던 기억은 있다. 2~3학년 되면서 그때부터 반장을 하기 시작했다. 키도 작았는데 어떻게 반장을 했는지 모르겠다.

    나는 1942년 1월 2일 충청남도 청양에서 태어났다. 아버님께서 버스회사인 충남여객 소장으로 청양에 근무하실 때였다. 친정 부모님은 어릴 적 서울 종로3가와 4가에 사셨다고 한다. 친할아버지께서는 종로3가에서 유기그릇 상점을 하셨고 외할아버지께서는 종로4가에서 큰 포목점을 하셨다고 한다. 아버지는 경기도립상업고등학교(현 청운고등학교)를 졸업하셨고 어머니는 진명여고를 거쳐 이화여전 가정과를 다니시다가 3·1운동 때문에 중퇴하셨다고 들었다. 결혼 후 황해도를 거쳐 충청남도로 내려가셨다.

    청양에서는 네 살쯤까지 살았는데 그때의 기억은 두 가지가 있다. 하나는 사이렌이 울리면 '방공호'라는 굴에 들어갔던 기억이고, 다른 하나는 아버지 사무실에 있던 반 드럼통 장작 나무 난로 앞에서 불을 쬐다 넘어졌던 일이다. 어머니 말씀에 의하면, 어머니께서 씻기신 후 사무실에 나가 불을 쬐던 내가 졸다가 엎어졌다는 것이다. 마침 내 뒤에서 신문 보시던 분이 얼른 일으키고 얼굴에 묻은 불똥을 바로 털어내셨다는데, 나중에 병원에 가면서 보니 입가에 불똥이 남아 있었더란다. 불똥을 뒤늦게 털어낸 그곳에 결국 흉이 남았다. 큰 부상이었는데 그만하기가 참 다행이었다.

아버지께서 공주 소장으로 나오셨을 때는 천주교 동산 아래 집에 살았다. 그 동산에 올라가 소꿉장난한 기억이 있다. 마지막으로 우리 가족은 대전으로 옮겨왔고 그때 나는 여섯 살이었다. 일곱 살에 대흥국민학교(지금은 대흥초등학교)에 입학하여 보문산 밑에 있는 학교까지 걸어 다녔다. 1학년 때 일은 잘 기억나지 않는다. 다만 앞가슴에 이름표와 손수건을 달고 선생님 구령에 맞춰 '하나, 둘' 하며 걸었던 기억은 있다. 2~3학년 되면서 그때부터 반장을 하기 시작했다. 키도 작았는데 어떻게 반장을 했는지 모르겠다.

내가 겪은 6·25

1950년 6월 25일 일요일, 그날은 날씨가 참 좋았다. 어려서부터 명랑했던 나는 늘 노래를 부르며 뛰어다니고는 했다. 그날은 신작로를 마음껏 뛰어가는데 (그때는 길에 차도 거의 없었다) 사이렌이 요란하게 울렸다. 집에 들어왔더니 이북에서 우리나라로 쳐들어와 전쟁이 났다는 것이다.

1950년 6월 25일 일요일, 그날은 날씨가 참 좋았다. 어려서부터 명랑했던 나는 늘 노래를 부르며 뛰어다니고는 했다. 그날은 신작로를 마음껏 뛰어가는데 (그때는 길에 차도 거의 없었다) 사이렌이 요란하게 울렸다. 집에 들어왔더니 이북에서 우리나라로 쳐들어와 전쟁이 났다는 것이다. 무슨 일이 생겼다는 건 알았는데, 어려서 자세히는 몰랐다.

학교도 못 가고 며칠을 보냈을 때 서울 친척 언니들이 우리 집에 왔다. 피란을 온 것이었다. 어머니는 마룻장을 열어 항아리 몇 개를 묻고는 겨울 옷이며 쌀 등을 채우고 책으로 덮은 뒤 마룻장을 다시 닫았다. 아버지는 무얼 그렇게까지 하느냐고 하셨지만 어머니는 불안한 예감을 하셨던 것 같다.

당시 우리 집은 대전여자중학교 건물과 작은 길을 사이에 두고 있었다. 그런데 얼마 지나지 않아서 학교에 미군들이 들어왔다. 그들은 우리 집에 장성한 여자들이 있는 걸 보고는 껌과 초콜릿 등을 마당에 던지며 휘파람을 불어댔다. 작은오빠는 그때 중학교 3학년이었는데, 미군들이 던진 껌을 주워 그들이 보는 앞에서 수채 구멍에 던져버렸다. 그런 걸 보면 작은오빠는 어려서부터 군인이 될 사람이었던 것 같다.

그러다 친척 언니들은 남쪽으로 떠났고 어느 날엔가 우리 집 앞에 커다란 버스 한 대가 서 있었다. 우리 가족이 탈 버스였다. 짐을 꾸리며 준비를 하다 보니 마치 이사라도 가는 집 같았다. 나는 버스 타고 간다는 것이 기분 좋았을 뿐, 피란길 고생길에 들어선다고는 생각 못 했다. 어머니는 정말 분주하셨고 아버지도 긴장되어 보였던 기억이 있다. 아버지는 쌀가마도 챙겨 실었다. 그리고 우리는 버스를 타고 집을 떠났다. 그때가 우리 집을 본 마지막 기억이다. 그 집은 며칠 후 대전이 함락됐을 때 모조리 타 버렸다고 한다. 어머니 친정이 부유하셔서 멋진 3층 자개장이며 좋은 가구도 있었고, 학교 다니실 때 신었던 뾰족구두도 몇 켤레 있었다. 축음기며 전화기도 있었지만 6·25가 다 가져가 버렸다. 그때 아버지 어머니 마음이 어땠을까 생각하면 지금도 눈물이 난다. 6·25만 없었더라면 피아노도 사주시지 않았을까!

집을 두고 떠난 그날 저녁, 우리는 사람들이 모여든 어느 냇가(지금의 서대전 흑석동 근처)에 자리를 잡았다. 불은 피우면 안 된다고 해서 미숫가루로 떡을 만들어 저녁을 먹었다. 그날 밤에는 담요와 이불을 덮고 여러 사람들과 어울려 냇가 모래 자갈밭에서 별을 보며 자야 했다. 그나마 여름이어서 냇가에서 잘 수 있다는 것이 불행 중 다행이었다.

하룻밤을 지내고 새벽이 되자 피란민들은 모두 제 갈 길로 흩어졌다. 우리 가족도 버스를 타고 어느 시골 마을로 들어갔다. 그래도 아버지께 돈이 있었는지 그곳에서 집을 구해 며칠을 보냈다. 그러던 중 부모님이 큰오빠만 먼저 남쪽으로 보내셔서 큰오빠 혼자 우리 가족을 떠났다.

그리고 며칠 지나지 않아 대전 쪽 하늘이 벌겋게 타올랐다. 대전이 폭격으로 불타는 것이었다. 우리 집도 그때 타버렸던 것일까? 이튿날 동네가 또 시끌벅적하더니 피란을 가야 한다고 했다. 우리 식구만 해도 아홉이 움직여야 했다. 당시만 해도 아직 막내는 태어나기 전이었고 큰오빠는 먼저 남쪽으로 내려간 상황이라 아이들 여섯 명에 일하는 언니, 그리고 부모님까지 아홉이었다. 우리 식구만으로도 같이 움직이기가 쉽지 않았다.

동네 밖에 세워두었던 버스는 더 이상 탈 수가 없다고 했다. 시골길을 더 가야만 했는데 당시에는 차 성능이 그다지 좋지 않았다.

무엇보다 기사가 어디론가 가버린 탓에 그냥 두고 갈 수밖에 없었다. 나중에 듣기로는 시골에 버스가 있는 걸 수상히 여겼던지 비행기 폭격으로 망가졌다고 한다.

우리 식구는 어느 큰 냇가로 내려갔다. 그런데 그 냇물을 사이에 두고 아군과 북한군 사이에 국지전이 벌어졌다. 우리는 담요를 뒤집어쓰고 냇가 땅콩밭에 누워 있었다. 큰 냇물 사이로 총알이 쌩쌩 날아다녔다. 피~잉 피~잉. 우리 식구 외에도 피란민이 꽤 많았는데 사람들이 다치지는 않았던 것 같다. 그러더니 얼마쯤 지나 총알 소리가 멈추었다. 우리 모두는 서둘러 일어나 그곳을 벗어났다. 작은 짐을 진 나도 어른들을 따라 산모퉁이 길을 돌아갔다. 그때였다. 어디선가 날아온 총알이 '쌩' 하고 내 옆을 지났다. 순간 놀란 나는 길 옆 수로로 퐁당 빠져 버렸다. 물이 없었기에 다행이었다. 총알이 얼마나 가까이 지나갔는지는 몰라도 어찌나 놀랐던지 그 기억은 잊히지 않는다.

처음 피란 갔던 곳에서 더 깊은 시골로 들어갔을 때는 식구들이 여기저기 흩어져서 함께 있지도 못했다. 그때의 기억은 뚜렷하게 남아 있지 않다. 다만 언니에게서 몇 가지 에피소드들을 들었을 뿐이다. 전쟁 중의 피란길에도 하나님은 우리 가족을 지켜주셨다. 정확한 과정은 기억이 나지 않지만, 우리 식구는 무사히 모여서 시골 마을의 제법 큰 집에 들어갈 수 있었다. 아마 아버지께서 돈으로 해결하셨을 것이다. 우리는 9·28 수복 후 대전으로 돌아올 때까지 그 집에서 지냈다.

그러던 어느 날 큰오빠가 집을 찾아왔다. 남쪽으로 내려갔던 오빠는 북한군이 이미 그곳을 점령한 것을 알게 되어 다시 가족에게로 돌아왔다고 했다. 처음 피란 생활을 했던 집에 가서 가족 소식을 듣고, 두 번째로 머물던 집을 찾아온 것이다. 전쟁 중인 상황에서 어떻게 가능했는지 모를 일이지만, 오빠가 무사히 가족을 찾아와서 기뻤다. 그 후로 큰오빠는 방문 밖을 못 나오고 숨어 있다시피 하였다. 전쟁 중이다 보니 청년들은 무조건 전쟁에 불려 나가야 했기 때문이다. 한번은 아버지가 대전으로 불려 나가셨다. 아마도 조사를 받으러 나가신 것 같다. 얼마나 놀라고 힘이 드셨는지 파죽음이 되어서 저녁 해거름에 돌아오셨다. 그때 그 모습이 지금도 생각이 난다.

그렇게 전쟁 중에 시골 생활이 시작되었다. 어머니는 사진 같은 것을 다 태우셨다. 그래서 내 어릴 적 사진도 다 없어졌다. 집 근처 천주교에서 받아온 교리 책도 그때 타버렸다. 어머니는 피란중에 미싱까지 가지고 다니셨다. 버스에 싣고 오셨겠거니 할 뿐 정확히 어떻게 가져오셨는지 모르겠다. 자식들이 많아 옷을 지어 입혀야 해서 챙겨 다니셨다고 들었다. 이처럼 우리 부모님 세대가 겪은 6·25는 그야말로 고난의 고생길이었다.

전쟁 상황 속에서도 어린 나는 새로운 시골 생활이 낯설지 않고 재미있었다. 나는 온 들판을 뛰어다녔다. 솔방울을 주우러 산에 가면 머리 위로 비행기가 날아다녔다. 비행기가 폭격을 할까 봐 두렵기도 했지만 신기한 마음이 컸다. 어린 마음에 미군이 우리를 도우러 왔다면서 왜 폭격을 하는지 이해가 안 되기도 했다. 사실 왜 이렇게 난리가 났는지도, 전쟁을 왜 해야 하는지도 나는 잘 몰랐다. 어린아이였던 내게 전쟁이 마음에 잘 와닿지 않아서였을 것이다.

나는 시골 이곳저곳을 돌아다니며 디딜방아라는 것도 밟아봤고, 절구통에 보리를 넣어 절구대로 껍데기도 벗겨 보았다. 개구리를 잡아다가 주워 온 솔방울로 풍로 불을 피워 구워 먹기도 했다. 남자인 큰오빠나 작은오빠는 전쟁에 끌려갈까 봐 행동이 자유롭지 못했던 까닭에, 내가 제일 대장 노릇을 하지 않았나 싶다. 그때 우리나라 시골 생활을 많이 보고 겪었던 일이 큰 공부였고 경험이었다고 생각한다.

집은 타버렸지만 때때로 불탄 집에 가서 묻어 놓은 쌀을 가져오고, 장독대 항아리에서 불에 익은 조기를 가져와 먹기도 했다. 우리는 거의 꽁보리밥만 먹었는데, 일곱째 막내는 쌀밥을 먹이고 개구리고기도 먹였다. 그래도 배만 뽈록 나온 것이 흡사 영양실조에 걸린 아프리카 아이들 같았다. 그랬던 동생이 수복 후 제대로 먹을 수 있게 되면서 금방 정상으로 돌아오는 것을 보고 신기하기도 했다.

이렇게 3개월의 피란 생활을 마치고 9·28 수복 후 우리는 대전으로 돌아왔다. 우리 가족은 피란에서 돌아오는 피란민들의 긴 행렬에 함께 했다. 피란민들은 군인들의 검역과 검색을 받아야 통과할 수 있었다. 그때 아버지께서 나에게 돈 보따리 배낭을 메어 주시며 아무 일 없는 것처럼 눈치껏 통과하라고 이르셨다. 3학년 어린 계집아이였기에, 검색에 걸리는 일이 없을 것이라 생각하셨던 것 같다. 나는 그때부터 우리 집 재정 담당이었나 보다. 우리 집 돈 보따리를 맡았으니 말이다.

수복 후 마련한 집은 대전 도립병원 근처의 제법 큰 집이었다. 전에 살던 집이 불타 없으니 다른 집으로 들어가야 했던 것이다. 그러고 보면 아버지는 전쟁 중에도 항상 식구들을 위해 살 집을 준비해 놓으셨다. 나는 어려서 모르고 지냈지만 얼마나 힘이 드셨을지 고생이 말이 아니었을 것이다.

한편, 수복 후 3개월 만에 전세가 역전되었다. 유엔군에게 밀려 압록강까지 올라간 김일성이 중국과 결탁, 중공군의 인해전술을 앞세워 밀고 내려오기 시작한 것이다. 이른바 '1·4 후퇴'였다. 날씨는 가장 춥다는 1월 초, 유엔군은 다시 남으로 밀려 내려와야 했다. 이때 정말 많은 미군이 죽고 포로가 되었다고 들었다. 6·25 피란 당시 내려오지 못한 북한 주민들도 이때 남쪽으로 밀려들었다. 우리 식구 역시 다시 피란길에 올랐다. 그때는 북한군이 아직 서울까지 내려오기 전이었지만, 미리 겁을 먹고 서둘러 피란길에 오른 것이다.

한편, 나는 눈치도 못 챘는데 6·25 발발 전 어머니는 막내를 가진 상태였다. 그 힘든 피란길에 입덧 한 번 안 하시고 우리 식구 뒷바라지를 하신 것이었다. 1·4 후퇴 때의 두 번째로 피란을 떠났을 땐 막내가 막 태어났을 때였다. 우리 막내 생일이 12월 4일이니, 겨우 생후 1개월 된 아기를 데리고 다시 피란길에 오른 것이었다.

우리 식구는 이번에도 버스를 타고 전라도 쪽으로 향했다. 가다 보니 해가 저물고 어두워졌다. 아마도 밤이 되면 눈에 띨 수밖에 없어 버스에서 내려 걸어가게 되었나 보다. 겨울바람에 눈이 흩날리는 추운 밤이었다. 우리는 길을 가다 몇 번인가 멈추었다. 보초병이 무어라 소리치면 우리 쪽 인도자가 또 무어라 대답해야 통과할 수 있었다. 무어라 하느냐고 물었더니 그날 밤의 암호라고 했다.

밤길을 얼마나 걸었을까. 우리는 길가 작은 집으로 들어갔다. 아마도 길가에서 장사하는 집이었던 것 같다. 힘들었던 상황에도 불구하고, 그날 밤 사 먹었던 엿 맛은 아직 잊을 수가 없다. 방이 좁아서 눕지도 못하고 서로 기대어 앉아 밤을 새운 우리는 날이 밝은 후 다시 차를 타고 전주로 향했다.

전주에서 머문 집은 대궐 같은 큰 기와집이었다. 마당 한가운데 연못이 딸린 큰 정원도 있었다. 우리 식구는 큰 방을 얻었다. 아버지를 비롯해 오빠 등 남자들은 다른 방에 따로 머물렀다. 바깥 아궁이도 아주 컸다. 그때는 아궁이에 불을 때는 온돌방이어서 춥게 지내진 않았다.

우리 식구는 이제 열한 명이었다. 부모님과 우리 형제자매 여덟에 일하는 언니까지 대식구이다. 먹고사는 데는 지장이 없었던 것 같다. 나는 추운 겨울이라 밖에 나가지도 못하고 방에서 어머니께 바느질을 배웠다. 버선 만드는 것이며 깁는 법도 그때 배웠다. 당시 오빠와 언니들은 무엇을 하고 지냈는지 잘 기억나지 않는데 아마 작은방에서 책을 읽고 공부했던 것 같다.

1·4 후퇴 때 대전은 무사했다. 아마 지금의 38선 DMZ 정도에 선을 긋고 일단은 전쟁이 멈췄던 듯하다. 우리 가족은 먼저 살던 도립병원 근처 집으로 돌아왔다. 그때부터 우리는 학교에 다닐 수 있었다. 하지만 학교에서는 공부를 못하고 학교 근처 보문산에 있는 절간에서 공부했다. 여기저기 뿔뿔이 흩어져 교실을 마련해야 했으니 선생님들의 노고가 이만저만이 아니었을 것이다. 그때는 물론 책가방도 없었고 절간 교실엔 책상도 없었다. 바닥에 앉아서 골판지를

삼각대처럼 어깨에 걸고 책상 삼아 공부했다. 책은 항상 보자기에 싸서 옆구리에 끼거나 어깨에 메거나 했다. 그래도 학교생활은 즐거웠다. 같이 노래를 부를 때면 선생님께서 나에게 첫 음을 내도록 하셨고, 나를 따라 모두 큰 소리로 목청껏 함께 불렀던 기억이 있다.

이렇게 산으로 냇가로 등교하던 때도 지나고 드디어 학교에서 공부를 할 수 있게 되었다. 그때가 4학년 때로, 당시 신학기는 9월이었던 것으로 기억한다.

초등학교 시절

합창부, 무용부, 체육부, 붓글씨 쓰기 등 나는 이 모든 수업에 다 쫓아다녔다. 노래도 부르고, 춤도 추고, 붓글씨 대회도 나가며 신나게 공부했던 추억이 한가득이다. 학업에도 열심이어서 반장도 하고 1등도 놓치지 않는 열성 학생이었다.

학교에서의 정상수업이 시작되면서부터는 학교생활이 정말 즐겁고 재미있었다. 학교 운동장에서 전체 학생이 모여 교장 선생님의 훈시를 들을 때면 전교생이 '앞으로 나란히' 구령에 맞춰 줄을 똑바로 섰다. 마이크에서 나오는 교장 선생님의 훈시를 듣고 행진곡에 맞추어 각반 교실로 들어가면 수업이 시작된다. 나이 지긋한 선생님도 계셨지만 사범학교를 졸업하고 처음으로 부임한 선생님들도 계셨다. 그분들은 젊고 활기 넘쳐서 학생들과 잘 어울려서 놀아주신 기억이 난다. 나는 특히 정규 수업보다 과외로 진행된 예능 수업이 재미있었다.

합창부, 무용부, 체육부, 붓글씨 쓰기 등 나는 이 모든 수업에 다 쫓아다녔다. 노래도 부르고, 춤도 추고, 붓글씨 대회도 나가며 신나게 공부했던 추억이 한가득이다. 학업에도 열심이어서 1등을 놓치지 않고 반장도 한 열성 학생이었다.

기억에 남는 선생님 중 음악 선생님이셨던 이문주 선생님이 있다. 피아노를 잘 치시고 노래도 잘하는 그분은 그야말로 다재다능하셨다. 동요집을 많이 내고 이후 대통령상까지 받은 동요 작곡가이시기도 하다. 선생님이 만든 합창반이 특히 기억에 남는다. 노래를 잘 불렀던 나도 합창반에 들어갔다. 선생님께서 가르쳐주신 노래 중 <올드 블랙 조(Old Black Joe)>가 아직 기억에 생생하다. 당시 선생님께서는 영어 가사를 한글로 써서 외우게 했고, 실제로 미군 부대에 가서 부르기도 했다. 미군들의 향수를 달래는 위문공연 때였다. 까마득한 기억이지만 쏟아지던 박수갈채를 아직 잊을 수가 없다. 합창반 시절에는 또 방송국에서 노래를 부르기도 했다.

이문주 선생님은 그후 서울로 가셔서 리라초등학교 교장 선생님까지 하셨다. 1998년 서울 예술의전당에서 열린 내 독주회 때도 오셨다. 초등학교 다닐 때 노래 부르던 그런 감정이 그대로 살아있다고 칭찬도 해주셨다. 어릴 때 노래를 가르쳐주신 선생님의 영향이 남아 있었던 모양이다. 내가 평생 만난 여러 좋은 선생님 중 첫 번째 음악 선생님이시다.

내가 어릴 때엔 학교 선생님이 과외 특별지도를 하셔도 봉사로

초등학교 시절

즐겨 하셨을 뿐 따로 지도비를 받는 일은 없었다. 저녁 늦게까지 붓 글씨 지도를 (특히 방학 때) 받거나 할 때 오히려 간식을 사주시는 쪽이었다. 한번은 선생님 피아노 반주에 맞추어 노래를 부르다가 저녁 먹을 시간이 되었는데, 선생님께서 내 것까지 짜장면을 사 주셔서 같이 먹었던 기억이 있다.

　당시에는 교장실에만 피아노가 있었기 때문에 방과 후에는 그곳에 남아서 노래 연습도 하고 피아노 연습도 했다. 저녁 먹고 마당에서 목청껏 1시간쯤 노래를 부르고 나면 기분이 좋아져서 밤늦게까지 숙제를 할 수 있었다. 4학년 때 과학 교과서에서 우주 천체를 공부할 때 밤이면 공상도 많이 했다. '우주 천체가 서로 부딪치면 어떡하나?' 하는 공상을 하다가 잠드는 일도 많았다.

피아노 공부 시작

어느 날 언니가 날 보고 "너 피아노 배워볼래?" 하고 물었다. 매일 노래를 시끄럽게 불러대니 음악 쪽에 관심이 있을 거라 생각했나 보다. 어쨌든 나는 얼씨구 좋다 하고 우리 집에서 꽤 먼 곳인데도 언니를 따라갔다. 그렇게 나는 피아노를 처음으로 배우게 되었다.

5학년 때였다. 언니가 어느 은행장 댁 사모님께 피아노를 배운다고 했다. 그 시절에는 피아노가 있는 집은 거의 없었다. 학교에는 더러 일제강점기 때 배급받은 피아노가 있긴 했지만, 개인이 피아노를 가지고 있는 경우는 아주 드물었다. 일본에서는 이미 야마하 피아노를 만들고 있던 때이고, 도시의 중학교에는 그랜드 피아노가 한 대씩 있었다.

어느 날 언니가 날 보고 "너 피아노 배워볼래?" 하고 물었다. 매일 같이 시끄럽게 노래를 불러대니 음악 쪽에 관심이 있을 거라 생각했던 모양이다. 어쨌든 나는 얼씨구 좋다 하고 우리 집에서 꽤 먼 곳인데도 언니를 따라갔다. 그렇게 나는 피아노를 처음으로 배우게 되었다. 안타깝게도 은행장 사모님에 대한 기억은 전혀 없다. 다만 바이엘 교본의 노래를 따라 흥얼거리며 집까지 신나게 뛰어다니던 일은 기억한다. 그러다 학교에서도 피아노를 배울 수 있게 되었다. 이북에서 피란 온 정지영 선생님께서 나를 가르쳐주기 시작하면서이다. 선생님은 아주 부잣집 따님으로 당시에 이미 피아노를 칠 수 있었다. 피아노는 교장실에만 있었기 때문에 그곳에서 가르쳐 주셨고 연습도 교장실에서 할 수 있었다.

5학년 때 성악경연대회에 나가 2등을 했던 나는 6학년 때는 성악에 더해 피아노 콩쿠르에도 나갔다. 그때는 성악은 본선에서 떨어지고 피아노 콩쿠르에서는 1등을 하였다. 집에 피아노가 있었던 것도 아닌데 어떻게 콩쿠르 1등까지 했던 것인지 상상이 안 된다. 대회를 앞두고 아침 일찍 학교에 가면 밤늦게나 되어 집에 왔으니 정말 바쁘게 지냈던 것 같다. 이런 내게 어머니는 '두부장사'라는 별명을 붙이셨다. 옛날엔 두부장사가 새벽에 종을 치며 '두부 사세요' 하고, 저녁 준비할 때쯤 되면 또 '두부 사세요' 하며 종을 흔들고 동네를 돌아다녔다. 그걸 보고 내게 그렇게 별명을 붙이셨나 보다.

1953년 6학년 때의 일이다. 학교 선생님께서 반 친구인 이혜자와 나를 부르시더니 대전역에 나가 노래를 불러야 한다고 하셨다. 그때 나는 영문도 모르고 대전역에 나가 밤이 다 가도록 노래를 불렀다. 군인들이 기차를 타고 손 흔들며 수없이 지나갔다. 나중에 안

일인데, 그 행사가 바로 6·25 반공 포로들을 이송하는 행사였다고 한다. 기차가 서울 방향으로 끊임없이 이어져 가던 모습, 목청껏 <우리의 소원은 통일>, <고향의 봄>을 부르던 것이 생각난다. 녹음시설이 없던 시절, 행사가 끝나도록 직접 노래를 불러야 했던 에피소드이다.

1954년 나는 대전여자중학교에 입학했다. 그때는 중학교도 입학시험이 있어, 6학년 때 나도 밤늦게까지 촛불을 켜놓고 학교에서 공부했다. 학교에서 촛불을 켜 놓고 공부하다니, 지금 학생들은 상상도 할 수 없는 일일 것이다. 전기가 없던 시절이었어도 교육열만큼은 높았고, 그만큼 입학시험도 치열했다.

밤이 되어 공부를 마치면 남학생들이 짓궂게 여학생들을 괴롭히곤 했다. 그 시절엔 초등학교에서도 남자반, 여자반 따로 공부했다. 모든 수업을 학교에서만 했기에 학교 선생님들은 그야말로 열성으로 학생들을 가르치셨다. 지금처럼 방과 후 학원에 가서 돈 내고 공부하는 일은 전혀 없었다. 고등학교 때엔 대학 입학시험을 위해 특별지도를 받는 학생이 있긴 했지만 극히 드문 일이었다.

아무튼 나는 중학교 입학시험에서 전체 2등을 차지했다. 내 뒤를 이어 3등을 한 강기원이라는 친구는 대한민국 첫 번째 여자 판사가 된 인재이다.

중학교 시절

한번은 재미있는 행진곡을 가르쳐주신 후 논산훈련소 미군 부대 위문 공연 때 나를 데리고 가주셨다. 나는 영문도 모르고 따라가서 피아노 연주를 하고 박수도 받았다. 선생님께서는 영어도 꽤 잘하셔서 미군들과 얘기를 나누시기도 했는데 어린 마음에 그런 모습이 부럽기도 했고 멋있어도 보였다.

중학교에 진학하고 보니 매시간 다른 선생님이 각각의 교과목을 가르치셨다. 영어 선생님은 '영어를 이렇게 공부하겠다', 수학 선생님은 '수학이란 이런 과목이다' 가르쳐주시고, 국어 선생님은 또 국어 과목을 강조하시니 어느 과목 하나 소홀히 할 수 없었다. 반장까지 맡았던 나는, 반장 역할에다 과목별 공부 외에 매일 이어지는 피아노 연습까지 더해 정말 부담되고 혼란스러웠다. 이처럼 중학교 생활은 즐겁고 재미있었던 초등학교 때와는 달리 긴장된 시간의 연속이었다.

중학교 때 만난 음악 선생님, 김경환 선생님이 기억에 남는다. 선생님은 평양에서 피란 오신 분으로 피아노를 치신 분이다. 남편

중학교 1학년 때 단체 사진

분은 대전 고등학교 음악 선생님이신 구두회 선생님으로 작곡가이셨다(숙대 음대 학장 역임, 찬송가 559장 작곡). 당시만 해도 피아노 공부를 하는 학생은 전교에 한두 명 정도가 다였다. 그래서인지 내가 피아노를 한다고 하니 선생님께서 매주 레슨을 해주셨다.

선생님은 매우 엄하신 편이었다. 피아노 연습을 게을리하면 혼이 나서 매일 음악실에서 연습해야 했다. 그런 덕분에 가을 경연 땐 2등을 할 수 있었지만. 엄하신 한편으로 선생님은 자상하시기도 하셨다. 한번은 재미있는 행진곡을 가르쳐주신 후 논산훈련소 미군 부대 위문 공연 때 나를 데리고 가주셨다. 나는 영문도 모르고 따라가서 피아노 연주를 하고 박수도 받았다. 선생님께서는 영어도 꽤 잘하셔서 미군들과 얘기를 나누시기도 했는데 어린 마음에 그런 모습이 부럽기도 했고 멋있어도 보였다.

　　김경환 선생님은 이후 남편 구두회 선생님과 서울로 전근을 가시고 후임으로 이은순 선생님이 오셨다. 선생님은 성악 전공이신데 피아노도 잘하셔서 나를 가르쳐주시게 됐다. 그분께서도 정말 열정으로 나를 가르쳐주셨다. 학교 성적이 떨어지면 안 되는데 피아노도 게을리할 수가 없었다. 레슨비도 안 받고 가르쳐주시는 선생님들께 그렇게나마 보답하고 싶었다. 그 시절 내가 레슨비 안 내고 피아노를 배웠기 때문에, 학생들에게 레슨비 받는 것이 지금도 부담스럽게 느껴진다. 무얼 얼마나 가르쳤다고 개인적으로 돈을 받는 것인지… 항상 편칠 않았다. 학교에서 받는 월급과는 달리 개인적으로 받는 레슨비는 감사하면서도 늘 부담으로 남는다.

콩쿠르 수상 상장과 이은순 선생님과의 기념사진(중학교 2학년)

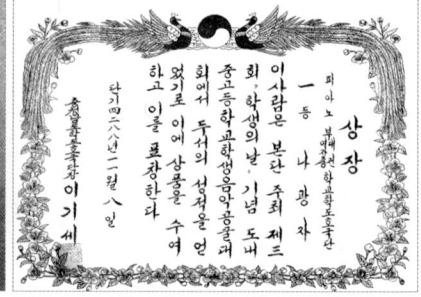

피아노 연습이 공부에 지장이 되었는지, 2학년 때 나는 전체 2등을 했다. 1등은 나와 같이 피아노를 하다가 그만두고 공부에 집중한 정혜영이라는 친구가 차지했다. 그 친구는 공부를 아주 잘해서 후에 한양대 독일어 교수가 되었다. 대신 나는 피아노를 열심히 했고 그 결과 그해 충청남도가 주최한 콩쿠르에서 1등을 했다. 피아노를 가르쳐주시던 선생님은 아주 좋아하셨지만 우리 부모님은 잘했나 보다 하시는 정도였다.

중학교 3학년에 올라가자 고등학교 진학 문제가 현실로 다가왔다. 당시 나는 서울예술고등학교에 가고 싶었다. 원래 서울이 고향이고 일가친척이 모두 서울에 살고 있기도 했지만, 그 시절 서울 유학이란 결코 쉬운 일이 아니었다. 그래도 우리 형제는 공부를 잘해서 제각각 우수한 성적으로 제 갈 길을 잘 찾아가는 편이었고, 이미 오빠들과 언니가 서울에 진학해 있었다. 먼저, 서울대학교 상과대학에 1등으로 들어간 큰오빠가 장학금으로 공부하면서 막내 고모님 댁에 있었다. 작은오빠는 육군사관학교에 들어갔으니 숙소나 학비 문제가 없었다. 언니는 이화여대 영문과에 장학생으로 들어가서 외갓집 언니들과 같이 지냈다. 그러니 나도 서울로 가고 싶었던 것이다. 하지만 대학생인 언니오빠와 달리 고등학교를 서울로 가는 것은 부모님께서 허락하지 않으셨다.

고등학교 시절

1학년 신학기 때 서울대학교 출신의 선생님 세 분이 한밭여고에 부임하였다. 남자 선생님 두 분과 여선생님 한 분이셨는데, 이분들은 우리 여고생들에겐 신선한 바람이었다. 특히 나에게는 그랬다. 유일한 여선생님이신 서울대 음악대학 출신의 피아니스트 박정배 선생님께 피아노를 배울 수 있게 된 것이다.
그러고 보면 학창 시절 나는 참 열정적이었던 것 같다.

　　고등학교 입학시험은 그야말로 엄청난 난관이었다. 사실 나는 입학시험도 안 보고 고등학교에 입학했으니 성적 문제는 아니었다. 그 사정과 형편을 설명하자면 좀 복잡하다. 당시 대전에는 대전여자중학교와 대전여고가 있었는데, 두 학교는 서로 멀리 떨어져 있었다. 중학교는 시내에, 고등학교는 멀리 굴다리 지나 산동네 가까이 있었다. 그러던 중 대전여중에 한밭여고가, 대전여고에 한밭여중이 생기면서 문제가 일어났다.

　　이전에는 대전여중을 졸업하면 당연히 대전여고로 시험을 봐서 들어가는 것이 상식이었다. 그런데 대전여중 같은 교장 선생님 아래 한밭여고가 생기니, 한밭여고로 진학하라며 대전여고 입학원서를 쉽게 써주지 않았다. 대전여고에서는 당연히 대전여중 출신들을 뽑으려고 했고 대전여중 학생을 대상으로 학생 유치 전략을 세웠다. 대전여고와 한밭여고 사이에 학생 쟁탈전이 벌어진 것이다.

이렇게 학생 쟁탈전이 벌어진 사태 한가운데서 우리 대전여중 졸업생들은 갈팡질팡하고 있었다. 언니가 다니던 대전여고 선생님께서 우리 집까지 찾아와 입학을 권고하시기도 했다. 아버지께서는 가까이 있는 한밭여고에 진학하라는 쪽이었다. 그 말씀을 듣고 한밭여고에 원서를 써두고 보니, 이번에는 친구들이 법석이었다. 결국 나는 원서 마감 날 대전여고에도 원서를 냈다.

고등학교 시절
학교 강당에서
내 반주에 맞추어
노래 부르시는 어머니

시험 날이 되었지만 몇몇 친구들과 나는 시험을 보지 않았다. 대신 대전여고 교장실에 불려가 장학사님께 야단을 맞고는 집으로 돌아왔다. 그러고 그대로 고등학교 입학 발표가 났다. 대전여중 졸업 성적으로 나는 시험도 보지 않고 한밭여고에 입학했다. 그렇게 우리는 신설 3년 차의 한밭여자고등학교에서 공부하게 된 것이다. 교정도 그대로, 대전여중과 교장 선생님도 같았다. 이런 일이 가능했다니, 지금 생각해도 잘 이해할 수 없다.

한밭여중에서 대전여고로 진학한 학생들의 실력이 나쁘다고 할 수는 없겠지만, 대전여중의 실력 있는 학생들을 빼앗기게 된 대전여고로서도 또한 탐탁하지 않았을 것이다. 그래서 그런지 우리 3회 졸업생들의 대학 진학 성적은 대전여고 못지않게 좋았다. 이처럼 고등학교 입학 과정은 혼란의 연속이었다. 개인적으로는 피아노 공부를 하기에는 학교가 가까웠던 게 더 잘된 선택이었다고 생각한다.

그렇게 입학한 한밭여고는 결국 이름을 바꾸게 되었다. 학생들이 한밭여고라는 교명이 싫다며 학교에 줄기차게 건의해 내가 2학년 때 '대전서여자고등학교'로 교명을 바꾸었다. 내 동생도 대전서여고 졸업생이다(동생은 이후 고려대학교 법과대학에 홍일점으로 입학하였다). 대전여중에 더부살이를 하던 대전서여고는 이후 다른 학교와 통합했고, 지금은 대전서여고라는 교명조차 없어졌다. 우리 동창들은 이제는 이름도 없어진 고등학교를 나온 격이 되어, 당시의 교육행정에 아쉬움이 남는다. 지금도 만나면 속상해한다. 연세대학교 정외과 출신인 내 친구 유영애는 자기 수필집을 내면서 이런 사실에 화가 난다며 대전서여고 이름은 아예 빼 버리기도 했다.

이런 복잡한 과정을 거쳐 고등학교 생활이 시작되었다. 1학년 신학기 때 서울대학교 출신의 선생님 세 분이 한밭여고에 부임하였다. 남자 선생님 두 분과 여선생님 한 분이셨는데, 이분들은 우리 여고생들에겐 신선한 바람이었다. 특히 나에게는 그랬다. 유일한 여선생님이신 서울대 음악대학 출신의 피아니스트 박정배 선생님께 피아노를 배울 수 있게 된 것이다.

당시만 해도 전교생 중 피아노 공부를 하는 학생은 두세 명 정도에 불과하던 그 시절이었다. 그랬으니 피아노를 제대로 가르칠 수 있는 선생님이 우리 학교에 오셨다는 것 자체로 나에게는 엄청난 행운이었다. 게다가 얼마나 열정적으로 지도해 주시는지 정말 하늘이 주신 기회였다. 선생님의 가르침 아래 나는 1학년 때 콩쿠르에서 2등을, 2학년 때는 1등을 했다. 3학년 때는 서울대학교 콩쿠르에도 나갈 수 있었다. 이처럼 나는 선생님께서 열심히 가르쳐주신 덕분에 피아노 공부를 꾸준히 할 수 있었다. 박정배 선생님은 이후 같이 부임하신 수학 선생님 송진술 선생님과 결혼하셨다.

선생님과의 인연은 이후에도 이어졌다. 선생님의 중학생 큰딸에게 피아노를 가르칠 기회가 있었던 것이다. 선생님과는 65년이 지난 지금도 서로 연락하고 안부하는 사이다. 스승과 제자 사이가 끊어지지 않고 있는 것에 감사한다.

같이 부임하신 세 분 선생님 중 최광국 선생님과의 인연도 특별하다. 선생님은 서울대학교 사범대학 생물교육과 출신으로 부산 분이셨다. 경상도 사투리를 쓰는 선생님의 등장은 충청도 대전 여학생, 그것도 여고생들에게는 신선함 그 자체라 인기가 좋았다. 선생님은 노래도 잘 부르시고 테니스도 잘 치셨는데, 어쩌다 학교행사 때 노래를 청하면 구수하게 잘 불러 주셨다. 칠판 글씨도 꼼꼼하게 잘 쓰셨던 기억이 있다.

최광국 선생님은 우리 반 친구였던 김금자와 결혼하셨다. 이후 부산 동래여고 생물 선생님으로 부임하신 후 그 학교에서 정년까지 하셨다. 선생님께서는 돌아가셨지만 사모님 금자와 나는 부산에 사는 유일한 동기 동창생이다. 일주일에 한 번씩 노래 교실에서 만나 노래하고 밥 먹는 노년의 소중한 친구가 되었다.

고등학교 3학년이 됐다. 서울로는 가야 하겠는데 그때까지만 해도 음악대학 진학까지는 확정하지 못하고 있었다. 학교 선생님들은 공부를 잘하는데 왜 음악대학에 가느냐며 말리셨다. 하지만 나는 서울대학교 진학을 목표로 하고 있었고, 서울대 의대에 진학하지 못할 것이라면 음악대학을 선택하고 싶었다. 그렇게 음대 진학으로 진로를 정하고 본격적인 입시 준비에 돌입했다.

하지만 입시 준비에 걸림돌이 있었다. 당시 내가 다니던 서여고에 피아노가 없었다. 그래서 고등학교에 가서도 대전여중 피아노로 연습을 해온 터였다. 독일제 업라이트 피아노로, 크고 좋았다. 그런데 어느 날 아침 일찍 피아노를 쳐보니 소리가 안 나는 것이었다. 놀라 뚜껑을 열었더니 누군가 피아노 해머를 모두 꺾어가고 없었다. 지금처럼 CCTV가 있는 시절이 아니니 범인도 찾지 못했다. 그후 해머는 갈아서 다시 썼다.

어쨌든 음악 선생님과 상의해 학교에 피아노 구입을 적극적으로 건의하여 결국 허락을 받았다. 학교에서 피아노 살 돈을 계획하여 기금을 마련했고, 드디어 우리 대전서여고에도 피아노가 들어왔다. 작은 업라이트 피아노로, 외국 물품을 들여와 우리나라에서 조립한 것이었는데 성능은 좋았다. 나는 그 피아노로 입시를 준비했다. 3학년 겨울방학 입시가 가까울 때는 하루 8시간씩 피아노를 쳤다. 아침에 학교에 가서 연습하고 집에서 점심을 먹은 후 다시 학교에서 6시까지 연습했다. 집으로 돌아와서는 새벽 1시까지는 남폿불 켜고 공부를 했다(전깃불은 8시가 되면 꺼졌다). 이렇게 연습하고 공부하여 서울대학교 입학시험을 무사히 통과했다.

그리고 보면 학창 시절 나는 참 열정적이었던 것 같다. 중학교 때엔 추운 겨울 양복 다리미에 숯불을 넣어 학교까지 들고 가서 피아노 연습을 했다. 동상에 걸릴까 봐 어머니께 꾸지람도 많이 들었다. 고등학교 때엔 정문을 열지도 않은 새벽에 학교에 가고는 했다. 매일 같이 문을 열어 달라는 내게 경비 아저씨들은 아예 열쇠 하나를 맡겼다. 그렇게 한동안 새벽에 문을 열고 들어가서 연습하고 밤늦게까지 연습한 뒤 잠그고 나오고는 했다. 어린 여고생이 학교 정문을 열고 또 잠그고 다녔다는 것이, 지금에 생각하면 좀 위험한 일이 아니었나 싶다. 경비 아저씨 입장에서는 얼마나 귀찮게 했으면 열쇠를 맡기셨나 싶어 미안한 마음도 들었다.

정진우 교수님과의 만남

당시 교수님은 30대의 젊은 나이였는데, 키도 크시고 머리도 약간 벗어지신 모습이 중년으로 보였다. 어쨌든 나는 그날 하루 생각지 못했던 만남의 연속으로 내 인생의 큰 은인이신 스승을 만났다.

고등학교 3학년 때인 1959년 일이다. 서울대학교 음대 진학의 꿈을 품고 열심히 연습하던 나는 서울음대가 주최하는 음악 콩쿠르에 출전하게 되었다. 내 실력이 어느 정도 되는지 평가하기 위한 입시 작전의 성격이 커 결과에 대한 큰 욕심은 없었다.

을지로 6가에 있는 음악대학 건물을 찾아갔더니 웬 남학생이 나를 알아보고 반갑게 맞았다. 대전의 같은 교회 출신인 남학생으로 작곡 전공이었는데 지금은 이름도 생각 나지 않는다. 아무튼 그 남학생이 나를 연습실로 데리고 가서는 연습을 하도록 해주었다. 그곳에서는 또 다른 만남이 기다리고 있었다. 그 남학생이 웬 여학생을 불러 나를 그 여학생의 피아노 교수님께 소개해주라고 하는 것이었다. 그 언니는 국악과 학생이었는데 부전공으로 피아노를 배

졸업 독주회에서
정진우 교수님과

우고 있었다. 당시는 국악과가 신설된 지 2년 된 때로, 성악이나 기악, 작곡 중 서양음악을 하나 선택하여 부전공을 해야 했었다. 그 언니는 피아노를 부전공으로 배우고 있었는데 피아노 교수님이 바로 대한민국 피아노계의 거장이신 정진우 교수님이었다.

    언니는 마침 그날이 교수님 댁에 가는 날이라며 처음 본 나를 데리고 교수님 댁을 찾아갔다. 이름도 모르는 언니를 따라 교수님 댁에 가게 된 것이었다. 당시 교수님은 30대의 젊은 나이였는데, 키도 크시고 머리도 약간 벗어지신 모습이 중년으로 보였다. 어쨌든 나는 그날 하루 생각지 못했던 만남의 연속으로 내 인생의 큰 은인이신 스승을 만났다. 아무 준비도 없이 맨손으로 찾아간 내게 교수님은 피아노를 한번 쳐보라 하시고 몇 마디 해 주셨다. 그 정도면 콩쿠르에 나가도 되겠다는 말씀이셨다. 비교적 실망하신 것 같지는 않았다.

당시 참가했던 콩쿠르 결과는 아쉬웠지만 정진우 교수님과의 기적 같은 만남으로 이어졌으니 의미가 있었다. 그후 나는 가끔 교수님이 계신 서울로 레슨을 받으러 다녔다. 새벽 기차를 타고 서울로 다니다 보니 쓰리꾼(소매치기)들을 만나는 일도 있었다. 레슨이 길어지면 늦게까지 레슨을 받고 대전으로 돌아오고는 했는데, 그럴 때는 정 교수님 어머니께서 밥을 챙겨 주셨다. 교수님 댁에서 밥까지 먹고 다닌 학생이었던 것이다. 어린 여고생에게 어떻게 그런 배짱이 있었는지 모를 일이다. 그 또한 하나님께서 주신 은혜일까.

그렇게 서울과 대전을 오가며 레슨을 받고 나는 입학시험에 합격했다. 정 교수님께 레슨을 받았지만 한 번도 레슨비를 드린 적이 없었다. 입시 합격 후 무언가 간단한 선물을 드린 기억이 전부이다. 교수님과의 인연은 이후에도 이어졌고 교수님은 내 결혼식 때도 참석하셨다. 교수님께서는 결혼 입장 행진곡을 연주해준 내 친구 홍혜영을 물리고는 직접 멘델스존의 <결혼식 행진곡>을 퇴장곡으로 연주해주셨다. 신나게 행진곡을 연주하시던 그 모습이 떠올라 이 글에 쓰면서도 교수님의 큰 사랑에 눈물이 난다.

선생님의 은혜가 부모님 다음이라 했는데 그러고 보면 나는 선생님 복이 많았다. 초등학교 때 이문주 선생님께서 노래를 열심히 가르쳐 주셔서 노래 콩쿠르에 나가 3등, 정민영 선생님께 피아노를 배워서 콩쿠르에서 1등을 했다. 중학교 때는 김경환 선생님 덕분에 논산훈련소 미군 부대에서 피아노 연주도 해보았다. 중학교 2학년 때 만난 이은순 선생님의 열정적인 지도 하에 콩쿠르 1등을 했고, 고등학교 때는 박정배 선생님께 배워 다시 콩쿠르 1등을 했다. 이처럼 좋은 선생님들의 영향으로 나는 계속 발전할 수 있었다.

대부분 학교 음악 선생님께 개인 지도를 받았을 뿐 특별히 개인 지도 교수님을 찾아가 배운 적은 거의 없다. 고3 입시 전에 정 선생님께 지도받은 것이 유일하다. 그때는 또한 레슨비라는 것도 잘 모르고 명절 때나 상 받았을 때 선생님께 간단한 선물을 드렸던 기억이 전부다. 지금 생각하면 있을 수 없는 복이다.

한편, 정진우 교수님과 나는 의외의 인연이 있다. 정진우 교수님과 내 막내 이모부가 같은 평양 출신에 절친한 친구였던 것이다. 아니, 이런 인연이 있을까?

막내 이모부는 서울음대 1회 졸업생으로 성악을 전공하셨다. 졸업 후 KBS 방송국에 음악 담당으로 취직하셨는데, 그때 방송국 아나운서로 있던 이모님을 만났다고 한다. 방송국에서 만나 연애하고 결혼까지 하셨지만 그 과정은 정말 힘들었다고 어머니께 들었다. 내 외할아버지의 절대적인 반대 때문이었다. 이유인즉 북에서 남쪽으로 온 총각에게 무얼 믿고 딸을 주겠냐는 것이었다. 결국 막내 이모는 집에서 쫓겨났다. 어머니께서 이모 살림집을 찾아가 두 분이 서로 붙들고 울기도 하셨다고 한다.

 막내 이모가 친정집에서 쫓겨나 셋방살이로 시작했다면 큰이모님은 전혀 상황이 달랐다. 큰이모님은 종로에서 한남동으로 시집을 갔는데 시댁이 엄청난 부잣집이었다고 한다. 당시 장충단 고개에 도적이 많아 앞뒤로 보초병의 호위를 받으면서 가마 타고 갈 정도였다. 한 번의 선택으로 달라지는 인생의 길이 얼마나 묘한지…. 알다가도 모를 수수께끼 같은 인생이다.

대학 생활

연습실에서 쫓겨날 때까지 피아노 연습을 하다 저녁 늦게 집에 들어가는 것이 일상이었다. 오빠는 무슨 대학을 그렇게 다니냐며 웃으면서도 걱정스러워하는 모습이었다. 1학년 학기 중 오빠는 신설동으로 이사를 했고 그 집에서 1학년을 마쳤다.

    내가 대학교에 들어간 1960년엔 국가적으로는 4·19 혁명이 일어났고 연이어 2학년 때는 5·16 군사쿠데타가 일어났다. 4월 6일 입학식 며칠 후인 4월 19일. 강의실에서 피아노 연습을 하고 있는데 교무실 직원 선생님이 큰소리로 빨리 집에 가라고 하셨다. 영문도 모르고 학교를 나오니 전차도 다니지 않았다. 학교는 을지로 6가였고 우리 집은 원효로에 있으니 어쩔 수 없이 걸어야 했다. 서울역을 거쳐 2시간 만에야 집에 도착했다.

    그때 살던 집은 결혼한 큰오빠의 셋집이었다. 첫아이를 낳고 살던 집에 졸업 후 회사를 다니던 언니와 대학생인 내가 들어가 함께 살았다. 우리 둘은 한 방을 썼다. 내가 집에 도착한 지 얼마 지나지 않아 언니가 들어왔다. 언니는 몹시 겁먹은 얼굴이었다. 서울역

대학시절 공연

대학에 입학해서도 나는 피아노 연습에 열심이었다. 연습실을 맡아두면 강의 시간이 빌 때마다 그곳에서 연습할 수 있었고 하루 강의가 끝난 후에도 또 연습을 했다. 연습실에서 쫓겨날 때까지 피아노 연습을 하다 저녁 늦게 집에 들어가는 것이 일상이었다.

에서 경찰이 시위 학생들에게 총격을 가하는 모습을 보고 겨우 피해서 집에 왔다는 것이었다. 원래 멋쟁이인 언니는 대학 입학 후 고등학교 교복을 벗은 나에게 매일 자기 옷을 입혀서 학교에 보냈다. 그 덕분에 나는 제법 잘 차려입고 시골 학생 티는 안 나게 하고 다닐 수 있었다.

그러던 언니가 4·19 혁명 이후 회사를 그만두고 대전 집으로 내려갔다. 그때부터 나는 다시 대학 교복을 입어야 했다. 당시만 해도 대학생도 교복을 입었다. 학교 배지를 단 서울대학교 교복을 입고서 전차나 버스를 타면 모두가 쳐다보는 것 같은 기분이 들었다. 좀 으쓱하기도 하고 좀 더 멋지게 보이고 싶기도 했다.

4·19로 희생된 학생 중에는 특히 서울대학교 학생이 많았다. 하루는 정 교수님 제자이자 학생회장인 4학년 언니가 나를 찾아와 "얘! 너 연주해주지 않겠니?"라며 연주를 부탁했다. 4·19 희생자 위로 음악회가 음악대학 콘서트홀에서 열린다며 그 음악회에서 한 곡 연주해 달라는 것이었다. 마침 쇼팽의 스케르초 1번을 연습하고 있었는데 이 곡이 음악회 성격과 어울릴 것 같아 쾌히 승낙하였다. 그것이 입학 후 처음 선 무대였고 잘했다는 칭찬을 들어 기분이 좋았다.

대학에 입학해서도 나는 피아노 연습에 열심이었다. 피아노 연습을 하려면 연습실을 맡아두는 것이 중요했다. 연습실을 못 맡으면 그날은 연습실 연습이 어려워졌기 때문이다. 그래서 이른 새벽 일찍 집을 나서야 했다. 새언니가 해주는 밥을 찬물에 말아 급히 먹고 집을 나와 곧장 연습실을 맡았다. 이렇게 연습실을 맡아두면 강의 시간이 빌 때마다 그곳에서 연습할 수 있었고 하루 강의가 끝난 후에도 또 연습을 했다. 연습실에서 쫓겨날 때까지 피아노 연습을 하다 저녁 늦게 집에 들어가는 것이 일상이었다. 오빠는 무슨 대학을 그렇게 다니냐며 웃으면서도 걱정스러워하는 모습이었다. 1학년 학기 중 오빠는 신설동으로 이사를 했고 그 집에서 1학년을 마쳤다.

가정교사 생활

가정교사 생활을 충실히 하는 나를 보고 경애 어머니께서 대우도 잘해주시고 좋아하셨다. 그때부터 나는 학교에서도 집에서도 연습을 할 수 있었다. 아침에 피아노 수업을 하고 경애를 등교시키고 나면 이후로는 학교에 가서 연습하고 공부를 했다.

    1학년을 마칠 무렵, 지도교수이신 정진우 교수님께서 가정교사 자리를 소개해 주셨다. 내가 먼저 부탁드린 것은 아니었는데 학부모들이 교수님께 부탁을 한 모양이었다. 그 시절엔 지방에서 온 대학생들이 입주 가정교사로 들어가는 일이 제법 있었다. 교수님께서 소개해 주신 두 자리 중 하나가 작곡가 김대현 교수님 댁이었고, 나는 그곳을 선택했다. 서라벌예술대학 음대 교수인 김대현 교수님은 동요 '찌르릉 찌르릉 비켜나세요'의 <자전거>, <자장가> 등으로 알려진 작곡가이다.

    그렇게 대학 2학년 때부터 가정교사 생활이 시작되었다. 김대현 교수님 댁은 두 개 건물로 이루어져 있었다. 앞 건물 2층에 큰 미용실을 운영했고 마당을 지난 뒤쪽 건물에 살림집이 있었다. 집이 제법 커서 김 교수님 방엔 오르간도 있었고 음악 관련 도서도 많았다. 앞 건물 미용실은 사모님께서 운영하셨는데, 제법 기업체 같은 큰 미용실이라 미용사도 많았다. 사모님은 키도 자그마하고 아담하신 분으로 마음이 넓고 조용조용 말씀하시는 차분한 분이셨다.

내가 가르칠 학생은 교수님의 초등학교 2학년생 딸 경애였다. 처음 교수님 댁을 찾아갔을 때 김 교수님은 무엇인가 벽에 걸고 있었는데, 경애는 불쑥 나온 아버지 배를 퉁퉁 두드리며 장난을 치는 모습이었다. 나는 경애와 한 방을 썼다. 피아노가 있는, 좁지만 지내기에는 충분한 방이었다. 큰 다락방 하나가 붙어 있어서 물건을 들여놓을 수 있었다. 생각해 보면 그때부터 밤잠을 깊이 못 자고 자주 깨는 습관이 생긴 것 같다. 남의 집에서 다른 사람과 한 침대를 쓰다 보니 아무래도 조심도 되고 긴장도 되었나 보다.

경애는 2학년 어린 나이였지만 꽤 영리해서 피아노 공부를 곧잘 따라왔다. 나에게 친절하기도 했다. 나 말고도 영어를 가르치는 남자 선생이 있었는데 경애가 꼬집고 말 안 듣는다며 그만두었다. 그 선생 후임으로 미용실 직원의 아들이 영어 선생으로 다녔다. 한양대학교 공과대학 4학년생인 그 남학생은 어머니가 이북에서 내려온 피란민 출신이었는데, 아이와도 잘 놀아가며 영어를 잘 가르쳤다.

가정교사 생활을 충실히 하는 나를 보고 경애 어머니께서 대우

가정교사 시절
제자인 경애와 인연은
지금까지 이어지고 있다.

도 잘해주시고 좋아하셨다. 그때부터 나는 학교에서도 집에서도 연습을 할 수 있었다. 아침에 피아노 수업을 하고 경애를 등교시키고 나면 이후로는 학교에 가서 연습하고 공부를 했다. 덕분에 가정교사를 하면서도 2학년 성적은 전체 1등, 모두 A학점이었다. 장학금을 받아 등록금은 거의 들지 않았고 내 생활비는 아르바이트로 충당했다. 별다른 어려움 없이 공부를 하니 성적이 오른 것 같았다. 부잣집 가정교사를 하니 좋은 부분이 많았다. 먹는 것 걱정하지 않고 빨래까지도 다 해주는 식모가 있었으니, 대학생활도 비교적 부유하게 했다.

을지로 2가의 교수님 댁에서 살던 어느 날 아침이었다. 혁명이 났다며 웅성대는 소리가 들렸다. TV는 없는 집이 많았고 대신 집집

마다 라디오가 있던 시절이었으니, 소식이 좀 늦긴 했지만 나라에 또 큰일이 생긴 것 같았다. 박정희 장군 군대가 서울 시내를 함락했다는 소식, 바로 5·16 군사쿠데타였다. 4·19로 이승만 대통령이 밀려나고 윤보선 대통령이 나라를 다스릴 때다.

얼마 안 있어서 을지로 2가에서 가까운 곳으로 이사를 했다. 그때 집과 미용실을 분리해 살림집만 따로 살고 미용실은 명동으로 옮겼다. 미용실이 잘 되다 보니 비싼 명동으로 옮길 수 있었던 것인데, 그 당시 '윤희 미용실'이라면 알아줄 정도로 서울에서 유명했다.

경애네는 또 한 번 이사를 했다. 이번엔 장충동 지나 약수동이었다. 나는 일주일에 한 번 정도 경애를 데리고 정진우 교수님 댁을 찾아 교수님께 레슨을 받았다. 그러는 사이 2년이 지나 경애는 4학년이 되었고 나도 대학 4학년 졸업반이 되었다. 경애는 피아노 실력이 제법 늘었다.

4학년이 된 경애는 정진우 교수님의 추천으로 성신여대 콩쿠르에 나가게 되었다. 성신여대 주최 피아노 콩쿠르는 당시 초등학생을 위한 콩쿠르 중 이화콩쿠르 다음으로 가장 권위 있는 콩쿠르로 꼽혔다. 나는 경애에게 바하의 <영국 조곡 2번 프렐류드>를 연습시켰다. 약 4분 동안 연주하는 곡인데 손이 작은 경애에게 비교적 잘 맞는 곡이었다. 열심히 지도하고 경애도 잘 따라와준 결과 콩쿠르에서 의외로 1등을 해 버렸다. 4학년이 5, 6학년 제치고 1등을 한 데다 작곡가 김대현 선생님 딸이라고 소문이 나면서 사람들의 주목을 받았다. 그 덕에 갑자기 나까지 잘 가르치는 선생이라고 소문이 났다. 대회 1등으로 장혜원 교수님 제자가 유력하다고 소문이 났었는데, 정진우 교수님 제자가 1등을 하니 교수님도 기뻐하셨다. 다만 그 다음해에는 장 교수님 제자가 이화콩쿠르에서 1등을 하고 경애는 떨어졌으니, 행운은 돌고 도는 것이 아닌가 싶다.

이후 경애네는 한남동의 정원이 넓고 큰 집으로 다시 이사했다. 집이 아주 커서 피아노 연습을 하기에 정말 좋았다. 경애는 그때부터 바이올린도 배우기 시작해 잠시지만 선생이 집에서 함께 지내기도 했다. 그때 경애네 집에도 텔레비전이 들어왔다. 경애는 TV 앞에 붙어 앉아 있기 일쑤여서 나와 연습하는 시간 외엔 연습도 게을러졌다. 콩쿠르에서 1등을 한 이후로 어린 마음에 자만심이 들었던 것이 아니었을까 생각한다.

이후 경애 외에 많은 학부모님들의 부탁을 받아 학생들을 가르치게 되고 정 교수님 댁에서 어린 학생들 지도도 하게 되어, 나는 점차 바빠졌다. 4학년 말엔 서울사대부속중학교에 교생실습도 나갔다. 그렇게 점차 졸업이 다가오고 있었다.

졸업 독주회

첫 공연이었던 내 졸업 독주회에는 정 교수님을 비롯해 많은 교수님이 찾아오셨다. 마침 큰오빠가 서울대학교 교수로 있을 때여서 교수님들 모시고 인사도 나누었다. 정 교수님께서는 오빠에게 내 칭찬을 하시며 특히 학생을 잘 가르친다고 하셨다 한다.

졸업을 앞두고 학교에서 이전에 없던 졸업 요건이 생겼다. 이번 졸업생부터는 졸업 독주회를 해야 졸업할 수 있다는 것이었다. 우리 졸업반 학생들은 난리가 났다. 그때까지 한국 음악대학에서 학사 자격을 위한 졸업 연주는 별도로 없었다. 뜻하지 않은 졸업 조건이 붙게 된 것이다.

사실 내가 대한민국 음악대학에서 처음으로 학사 자격증(디프롬)을 만들어 졸업 독주회를 했다는 사실은 대한민국에서 나만 아는 사실이다. 독주회 프로그램을 짜 보니 지금까지 4년 동안 연습한 곡을 모으면 충분히 할 수 있다는 생각이 들었다. 그래서 곡목을 교수님께 써 내고 연습했다. 프로그램을 만들어야 해서 교무처장이신 이성재(작곡 전공) 교수님께 여쭈었더니 학사 자격증을 위한 졸업 연주 규정을 만들어야 된다고 하셨다. 이성재 교수님과는 강의 시간에 잘 따랐던 사이라 어렵지 않게 교수님과 프로그램을 만들었다. 교수님을 따라 출판사도 찾아다니며 규격에 맞는 프로그램을 만들어 학생들에게 나눠주었다.

그러자 친구들이 나에게 원망을 퍼부었다. 자신들은 졸업 독주회를 안 할 것이라며, 연주를 시작하면 어떡하냐며 성화였다. 나는 학교에서 하라고 하니 당연히 해야 한다고 여겼다. 게다가 졸업을 앞두고 학교에서 독주회를 하도록 해주는데 안 할 이유가 없다고 생각했다. 그런데 친구들의 생각은 나와 달랐던 모양이다. 몇몇 학생들은 독주회 혹은 독창회를 했고, 미루며 안 하려 했던 학생들은 결국 조인트 리사이틀을 허락해 주셔서 졸업 연주를 마친 것으로 안다.

첫 공연이었던 내 졸업 독주회에는 정 교수님을 비롯해 많은 교수님이 찾아오셨다. 마침 큰오빠가 서울대학교 교수로 있을 때여서 교수님들 모시고 인사도 나누었다. 정 교수님께서는 오빠에게 내 칭찬을 하시며 특히 학생을 잘 가르친다고 하셨다 한다.

한편 대학교 4학년 때부터 바빠지고 여러 집을 다니며 학생들을 가르치다 보니 나는 살이 많이 빠지고 점차 야위었다. 그러던 중 경애네 집이 또 한 번 이사를 하게 되었다. 이전에는 세를 얻어 옮겨 다녔었는데, 정능의 넓은 땅에다 집을 지어 이사하게 된 것이었다. 약수동을 중심으로 생활하며 근처만 다니던 나로서는 정능은

졸업 독주회 후 친정 가족과 함께

첫 공연이었던 내 졸업 독주회에는 정 교수님을 비롯해 많은 교수님이 찾아오셨다. 마침 큰오빠가 서울대학교 교수로 있을 때여서 교수님들 모시고 인사도 나누었다. 정 교수님께서는 오빠에게 내 칭찬을 하시며 특히 학생을 잘 가르친다고 하셨다 한다.

정말 먼 거리였다.

　이즈음 우리 부모님도 대전 집을 팔고 불광동으로 이사를 오셨다. 중학교 3학년생인 막냇동생은 대전에 남겨두고 오셨는데, 막내는 혼자 대전에서 공부하면서도 1년 후 경기고등학교에 들어갔다.

　나는 그동안 경애와 동갑내기 학생 몇몇을 가르쳤다. 금수장(현재 앰버서더 호텔 그룹) 댁 딸인 서정임도 그중 하나였다. 그 댁은 호텔 집이라 방이 많다며 할머님이 거처하시는 방에서 같이 지내도록 배려해 주었다. 그후 경애 집에는 주일에 한두 번씩만 가고 주로 금수장 정임이 집에 살게 되었다.

　당시 내게는 나를 좋아하는 남자 친구가 있었지만 결혼할 상대는 아니라고 생각했다. 그러던 중 내게 피아노를 배우던 학생의 어머니가 친정 언니의 아들이라며 부산 남자를 소개해 주었다. 중앙대학교 약학대학을 졸업하고 부산에서 약국을 하는 사람이었다. 학교를 졸업하고 앞일을 걱정하고 있던 때, 부산에서 올라온 남자가 집에도 안 가고 나만 쳐다보고 있으니 마음이 흔들렸다. 만나다 보니 정도 들고, 인물이며 집안 환경도 괜찮다는 시이모님의 적극적인 선전도 계속되었다. 서울 생활이 너무 바쁘고 힘들었던 때라 솔깃했던 모양인지, 시집을 갈 생각까지 하고 결혼하겠다고 부모님께 얘기했다. 그 무렵에는 내가 그래도 집에 경제적으로 힘이 되는 딸이었는데, 서울도 아닌 부산으로 시집을 간다고 하니 부모님은 얼마나 놀라셨을까? 지금 생각하면 불효가 아니었나 생각한다.

사랑하는 친정 형제들

아들 다섯에 딸 셋. 내 위로 큰오빠와 작은오빠, 언니가 있고 내 아래로 여동생에 이어 남동생이 셋이다. 나는 오빠도 있고 언니와 여동생, 또 남동생까지 골고루 다 있는 행운아다.

앞서 잠깐 이야기한 대로 우리 집 본적은 서울이다. 아버지 직장 관계로 충청남도에서 대전까지 나오는 동안 부모님은 8남매를 낳으셨다. 아들 다섯에 딸 셋. 내 위로 큰오빠와 작은오빠, 언니가 있고 내 아래로 여동생에 이어 남동생이 셋이다. 나는 오빠도 있고 언니와 여동생, 또 남동생까지 골고루 다 있는 행운아다.

큰오빠 나웅배 장관은 인물도 좋고 똑똑하여 학창 시절 전교 1등을 도맡았다. 대전고등학교 졸업 후 서울대학교 상과대학에 1등으로 입학하여 1등으로 졸업한, 대전고등학교의 자랑이었다. 우리 8남매의 제일 윗사람으로 우리 집안의 자랑이기도 했다.

오빠의 경력은 다 기억하지 못하지만 대강 아는 것만 소개하려

한다. 서울대학교 교수 중에 미국 스탠퍼드대학 교환교수로 떠난 후 UC버클리에서 석박사를 4년 만에 마치고 돌아온 큰오빠는 학계에서는 서울대학 교수를 거쳐 아주대학교 총장을 했다. 재계에서는 해태주식회사 사장과 한국타이어 사장을, 정계에서는 재무부 장관, 상공부 장관, 경제부총리, 통일부총리를 하시고 4선 국회의원을 하셨다. 높은 자리에 있었어도 항상 동생들을 사랑으로 대하여 주셨다. 우리 동생들도 오빠를 자랑스럽게 여겼을 뿐 높은 자리에 계신다고 해서 의존하는 동생은 없었다.

한번은 큰 올케언니가 이렇게 말했다. "동생들이 오빠를 귀찮게 하지 않아서 고맙다"고. 국회의원 선거 때 마음 졸여가며 투표 상황을 지켜볼 때 제발 국회의원 좀 하지 않았으면 좋겠다고 애타는 심정으로 오빠께 말하면 그게 내 마음대로 되는 게 아니라고 하셨다. 골프도 잘 치시고 노래도 잘 부르시는 것은 물론, 항상 주위 분들과 원만히 지내시는 성품이었다. 대체로 외유내강하신 분이라는 평을 받으셨다. 지난해 노환으로 별세하셨다. 향년 88세였다. 허전한 마음이 이루 말할 수 없다.

작은오빠 나중배 대장 역시 대전고등학교를 졸업하고 육군사관학교에 진학하였다. 오빠는 학창 시절부터 운동을 좋아해서 항상 축구를 했던 기억이 있다. 한번은 우리 집 흙담에 권투를 해대서 벽이 허물어지기도 했다. 학교에서 구령을 잘해 대대장도 했고 영어 공부를 열심히 해서 후에 한미 연합사령부 부사령관까지 하셨다.

오빠는 대쪽 같은 성품이셨다. 오빠가 소위 시절 휴전선 가까이 근무할 때였다. 어머니가 새언니 출산을 도우러 가셨는데 누군가 쌀 한 가마니를 선물했다는 것이다. 그런데 오빠가 당장 되돌려주라고 호통을 쳐서 되돌려줄 수밖에 없었다고 한다. 어머니께서는 보낸 사람 체면 생각에 민망해하셨지만 오빠는 단호했다. 중장 때는 전라도에서 대구로 헬리콥터 타고 출장 가시다가 헬리콥터가 추락해서 죽을 고비를 넘기시더니, 대장까지 되셔서 어머니를 크게 기쁘게 하셨다.

오빠가 한미 연합사령부 부사령관 재직 때 어머니께서 돌아가셨다. 서울 적십자 병원에서 장례식을 하는데 서울 장안에 떠들썩하게 소문이 났다 한다. 대통령을 비롯하여 국가 3부 요인들의 화환이 속속 도착한 것이다. 아들을 잘 두신 어머니 복이 아닌가 한다. 오빠는 전역 후 사우디아라비아대사로 근무하신 후 한양대학교 대학원 수업을 하고 정치학 박사를 받으시는 등 학구열 또한 대단하셨다.

멋쟁이 언니 나문숙은 공부도 잘해서 이화여대 영문과에 입학했다. 우리 여고 시절에는 S언니며 B동생이며 하면서 상급생과 하급생이 언니 동생으로 지내는 게 유행이었다. 우리 언니 S언니가 큰올케가 되었으니 보통 인연이 아니다. 언니는 서울 외갓집에서 학교를 다녔다. 나는 외갓집 언니들과 나이 차이가 있어 소통도 안

했고 만날 겨를도 없었는데, 서울음대에서 성악을 전공한 사촌언니는 알고 있다.

언니도 장학생으로 대학을 다녔고 교수이신 선교사님께 미국 유학을 추천받기까지 했다. 다만 별 마음이 없었는지 용기가 나지 않았는지 결혼을 택했다 한다. 상대는 작은오빠가 다니던 육군사관학교 출신의 전 대한육상연맹 박정기 회장이다. 언니가 작은오빠 면회를 다닐 때 같이 다니던 친구의 아저씨라 한다.

형부 박정기 회장은 군인으로, 경영인으로, 체육인으로, 그리고 작가로도 성공하신 분이다. 한국중공업과 한국전력 사장으로 일하시면서 뜨거운 열정으로 국가 기업체를 이끄신, 리더십이 남다르셨던 분이다. 한국전력 사장 재임 시 '에너토피아(에너지+유토피아)'를 목표로 원자력 발전 기술을 자립하여 그 업적을 높게 평가받고 있다. 몇 년 전 '자랑스러운 육사인'으로 표창을 받으셨다.

전역 후 정우개발에서 중동 건설에 참여, 피땀 흘려가며 외화벌이를 하셨고 국제육상연맹 이사로 있으면서 황영조 선수가 올림픽 마라톤 금메달을 딸 수 있게 전력을 다하셨다. 또한 대구세계육상대회를 유치하여 국가 위상을 격상시키기까지 하셨다. 세계를 상대로 일하시면서 책도 많이 쓰셨는데 내 책장에도 형부의 책이 여러 권 진열되어 있다.

이처럼 우리 언니는 대단한 남편을 만나 평생 부유하고 행복하게 살았다. 형부는 무엇보다 지극한 애처가셔서 정계에 나가시려는 것을 언니가 극구 말리자 포기하시기까지 했다. 나도 형부께 사랑을 많이 받았고 형부가 사주신 그랜드 피아노를 받기도 했다.

여동생 나길자는 작지만 야무져 어려서부터 형제들이 여 판사님이라고 불렀다. 충남에서 학력고사 1등을 했고, 판사의 꿈을 꾸었던지 고려대학교 법과대학에 홍일점으로 입학했다. 당시에는 여자가 법학대학에 가는 일이 거의 없었는데 남학생들의 이목을 어떻게 견뎠을지 내 동생이지만 대단하다.

졸업 후 공부를 이어가는 대신 키가 크고 멋진 동급생과 결혼하여 아들, 딸, 연년생 셋을 낳았다. 동생 스스로는 사법고시를 포기했지만 아들은 검사로, 딸은 법대 교수로 재직하며 법대 출신 가정을 이루고 있다. 막내도 기업체에 근무하고 있다.

제부인 이진강 변호사는 검사 출신으로, 변호사 개업 후 서울변호사협회 회장과 대한변호사협회 회장을 하시는 등 법조계의 큰어른으로 여러 위원장을 해오셨다. 지난해에는 『80년 한결같이』라는 자서전을 내었다. 이 책에서 제부는 여동생의 내조가 많았다고 아내 자랑을 한껏 하기도 했다. 금년에 인촌 김성수기념회회장에 임명되어 노년을 명예롭게 지내시게 되어 지면을 통해 축하드리고 싶다.

여섯째 남동생 나영배도 근면 성실한 동생이다. 대전고등학교를 거쳐 고대 법대를 졸업한 동생은 기업체의 사원으로 시작하여

어머니와 8남매

우리 부모님은 8남매를 극히 자연스럽게 키우셨다. 보통 가정이었으며 큰 욕심 없이 8남매 결혼도 무리 없이 하도록 하셨는데 사위도 며느리도 모두 제 몫을 잘 감당하여 가정이 원만하고 행복했다.

삼성물산을 거쳐 삼성전자 부사장까지 하고 퇴직했다. 사실 여섯째부터는 내가 많이 도와주었다. 동생들이 한창 공부할 시기에 부모님께서는 연로하시고 큰오빠는 서울대학교 교수하다가 박사 하러 미국 가서 유학 중이었다. 작은오빠나 언니는 군인 가족이라 별 돈이 없었고 여동생도 초년 검사 가족이었다. 그나마 나는 부산에서 돈을 벌고 있었다. 남편도 여유가 되어 시집을 와서도 한동안 친정을 도왔다.

일곱째 남동생 나홍배는 경희대학교를 졸업하고 중소기업에서 일을 해왔다. 나이 70이 넘어서도 작은 회사 사장으로 일하고 있는 현역이라고 자신을 자랑한다.

막냇동생 나완배는 재계에서 많은 활동을 한 리더십이 있는 동생이다. 앞에서도 말했지만 중3 때 부모님이 서울로 이사오게 되어 대전에 두고 왔는데도 전교 회장을 하고 경기고등학교에 입학할 만큼 어려서부터 똘똘했다. 고려대학교 경영학과를 졸업하고 몇몇 기업의 사원으로 옮겨 다니더니 GS에너지에서 부회장까지 했다. 막내로 형제들의 대소사를 잘 감당하고 있다.

우리 부모님은 8남매를 극히 자연스럽게 키우셨다. 보통 가정이었으며 큰 욕심 없이 8남매 결혼도 무리 없이 하도록 하셨는데 사위도 며느리도 모두 제 몫을 잘 감당하여 가정이 원만하고 행복했다. 성실, 정직, 근면한 형제들이 사회에서 지도자로 일하게 된 것 또한 하나님의 큰 선물 아닐까 생각한다.

2장

결혼과 부산 정착

어느 부모나 다 그렇겠지만
우리 시부모님께서는 유달리 자식 사랑이 지극하셨다.
나도 시부모님께 평생 사랑받는 며느리로 살았다.

초량동 신혼집

1965년 4월 나는 결혼 후 남편을 따라 부산 땅을 처음 밟았다. 우리가 도착한 수영공항은 지금의 수비 삼거리 땅으로, 바닷물이 한가로이 드나드는 넓은 해변가였다.

    1965년 4월 나는 결혼 후 남편을 따라 부산 땅을 처음 밟았다. 우리가 도착한 수영공항은 지금의 수비 삼거리 땅으로, 바닷물이 한가로이 드나드는 넓은 해변가였다. 신혼살림은 초량동 산마루에 사시는 시댁에서 시작했다.

    시집오면서 내가 가져온 물건은 업라이트 피아노 한 대가 거의 전부였다. 당시는 냉장고도, TV도, 세탁기 등 다른 전자제품들도 모두 국내에서 생산되지 않던 시절이었다. 또한 경상도에는 색시 물건을 시댁에서 준비해주는 풍습이 있다고 하시며 침구까지도 일체 마련해 놓으신 터였다. 내가 준비할 것은 내가 쓸 피아노 한 대뿐 아무것도 필요 없었다. 국산 피아노가 처음 생산되던 시절로 삼익피아노에서 제작한 '호로 겔'이라는 피아노였다.

졸업 후 나는 장래 문제로 고민하며 진학이나 유학을 생각하기도 했다. 하지만 집안 형편도 어려웠고 스스로 전공을 살릴 만한 재주도 없다고 생각해 일찍 결혼을 결정했던 것 같다. 남편 하나만 따라 친구도, 친척 하나도 없는 부산이라는 낯선 곳에 온 것이었다. 그땐 평범한 아내로 잘 살아야겠다는 마음뿐이었다. 지금 생각하면 용기가 정말 대단했다.

경상도 사투리에도 익숙하지 못해 반은 외국에 온 느낌이었다. 대학 시절 부산 출신이 몇 명 있었는데 경상도 사투리는 그 친구들을 통해 들어본 것이 전부였다. 당시에는 TV 방송도 없고 라디오 방송 듣는 것이 거의 전부여서 더욱 경상도 사투리에는 익숙치 못했다.

신혼 살림을 차린 초량동 집은 초량동 산 중턱에 있었다. 지금은 옛 부산 부두가 매립되어 높은 빌딩에 가려졌지만, 당시만 해도 우리 집에서 초량 앞바다 멀리 등대 사이로 드나드는 배가 훤히 보였다. 1965년은 박정희 대통령이 베트남 전쟁에 한국군을 파병하기로 결정한 해이기도 하다. 부산 부두는 월남 파병군들을 배웅하러 나온 사람들로 늘 북적였다. 우리 집에서는 사람들이 흔드는 태극기가 휘날리는 광경을 자주 볼 수 있었다. 그만큼 꽤 높은 산 중턱에 넓게 자리 잡은 집이었다.

그 집은 옛날 기와집으로 일본식을 겸한 한옥이었다. 화장실이

약혼과 결혼

결혼식 주례는
서울대학교 총장을 지내신
윤일선 박사가 맡아 주셨다.

집 안에 있었고 일본식 무쇠 물통에 물을 데울 수 있는 목욕탕이 있었다. 내 피아노는 서재로 쓰던 마루방에 두었다. 긴 마루가 각 방을 연결했는데, 윗채에 큰 방이 거실처럼 쓰였다. 그 안에 또 방이 두 개 있었는데, 부모님 거처인 안방과 제법 큰 거실 방이었다.

우리 신혼 방은 부엌을 지나 있는 조그만 마루가 딸린 남향 방이었다. 집 뒤로 작은 동산이 있었고 부엌에서 밖으로 나가면 큰 채소밭이 있었다. 어머님께서는 아침 일찍 일어나시면 버릇처럼 밭에 나가 일하시는 분이었다. 그래서 아침 식사하러 오시라고 몇 번을 불러야 손을 씻고 들어오셨다. 채소밭은 어머님의 놀이터였다.

내가 시집을 간 그해 11월, 첫 번째 독주회가 끝난 후 수정동 넓은 집으로 이사했으니 그 집에서는 오래 살지 않았다. 초량동 높은 곳에 있다 보니 아버님께서 계단 오르내리기가 힘드셨는지, 아니면 큰아들이 결혼하여 더 큰 집이 필요하셨는지 모르겠지만 초량동 그 집은 둘째 동생네로 인계해 주셨다. 지금도 작은댁에서 소유, 관리하고 있다.

한편, 내가 결혼한 그해는 또 가뭄이 심한 해이기도 했다. 수원지에 물이 모자란 탓에 수돗물이 나오질 않았다. 그러니 물탱크 차가 오는 날이면 물을 동이에 이고 계단을 오르내리며 물을 날라야 했다. 나도 한두 번 오르내렸지만 더 이상 할 수 없었다. 어머님과 일하는 언니가 머리에 물동이를 이고 나르는 모습이 지금 생각해도 정말 대단해 보였다.

　그런 일이 있은 후 얼마 지나지 않아 갑자기 열이 38도에서 40도까지 오르며 몸살이 났다. 어머님을 따라 병원에 갔더니 임신이라고 했다. 다행히 입덧이 없어서 무난히 여름을 지낼 수 있었는데, 된장국에 넣는 방아잎은 정말 싫었다. 대신 아버님께서 사오신 잉어로 어머님께서 끓여주셨던 잉어탕은 내 입맛에 꼭 맞아 맛있게 먹을 수 있었다. 어머님은 잉어탕을 잘 먹는 나를 신기해하시면서도 칭찬하셨다.

시부모님께서는 슬하에 5남매를 두셨다. 큰 시누이 아래로 장남인 내 남편(서봉열)과 시동생(서명열), 작은 시누이(서성임), 막내 시동생(서승열) 순이다.

시부모님과
서댁 식구

시부모님께서는 슬하에 5남매를 두셨다. 큰 시누이 아래로 장남인 내 남편(서봉열)과 시동생(서명열), 작은 시누이(서성임), 막내 시동생(서승열) 순이다. 내가 시집갔을 때 큰 시누님은 이미 결혼을 하여 아들 셋을 낳았을 때고 나와 동갑인 시동생은 대학 졸업 후 R.O.T.C로 훈련 중이었다. 작은 시누이는 그해 막 이화여대 체육과에 입학하여 서울 숙모님 댁에 있었고, 막내 시동생은 중학생이었다. 그 외 일하는 사람이 함께였다.

시아버님 서병문 님께서는 체신청(지금의 우정청)에 근무하시는 공무원이셨다. 대구 체신청에서도 근무하시고 전화국이나 우체국에도 계시다가 부산 우체국장까지 하시고 퇴임하셨다. 아버님께서는 워낙 어려서부터 집안 친인척까지 돌보시고 학문에도 능하셨다. 향교에서 배우고 가르치시기도 하셔서 신학문보다 유학 쪽에 특히 능한 분이셨다. 환갑 때엔 『회고 60년』이라는 책을 출간하셨다. 그 책에는 아버님의 활동 사항이 상세히 기록되어 있고, 한문으로 지으신 한시도 여러 편 실려 있다. 학구열이 높고 사회성도 좋으셔서 경영인들을 위한 부산대학교 경영대학원에 다니기도 하셨다.

공무원 퇴임 후에는 대청동에 빌딩을 짓고 동해상호신용금고를 운영하시며 금융사업을 시작하셨다. 금융사업을 하시면서 김해와 진영 사이에 있는 단감나무 산을 사셨다. 그 산에다 허가를 내어 가족 묘지도 만드시고 집도 지으셨다. 자서전인 『회고 60년』도 그때 김해 농장에서 쓰신 것으로 안다.

아버님은 나와 신기한 인연이 있다. 내가 서씨 집안 식구가 될 운명이었던지 시아버님 생신이 내 생일과 한날인 1월 2일이다. 아버님도 양력 생일을 하고 계셨고 나도 양력 생일이다. 그때는 신년에 사흘간 휴일이 있었는데, 공무원이셨던 아버님은 이 때문에 양력 생일로 하신 것 같다. 어머님은 음력 생일로 하셨다. 아버님 생일에는 친지분들을 많이 초대하셨다. 그래서 일이 많으니 어머님께서 내게 "너는 음력 생일로 해라"고 하셨다. 하지만 나는 변경하기 싫어서 일 많이 하는 푸짐한 아버님 생일이 더 좋다고 말씀드렸다.

아버님께서는 안타깝게도 담도암으로 갑자기 돌아가셨다. 돌아가시기 전에 육영사업을 계획하시다 끝내 이루지 못하셨다. 내 생각이지만 퇴임 후 곧장 상호신용금고를 운영하시기보다 육영사

시부모님

나는 시부모님께 평생 사랑받는 며느리로 살았다.

업을 계획하셨으면 더 좋지 않았을까 싶다.

시어머님 최정숙 님께서는 아버님보다 두 살이 많으셨다. 아버님이 14살 때 결혼하셨단다. 아버님은 초등학교를 마치시고 중학교로 진학하기를 희망했지만, 집안일이 많다는 할아버지 말씀에 신학문을 계속하시지는 못했다고 한다. 할아버지께서 늦은 나이에 결혼하셔서 42살 때 큰아들을 낳으셨던 만큼, 아드님께 집안일을 빨리 가르쳐야 되겠다고 생각하셨단다. 그래서 학교를 그만두고 최씨 집 규수와 결혼하게 되었다고 한다.

연주회 마치고 시부모님과 시동생, 아들, 조카와

　　어머님께서는 양반집 맏딸로 일찍부터 살림살이를 배우셔서 어린 남편을 보살피며 시댁 살림에 전념하셨다. 머슴을 두고 살 시절이니 바깥일이며 농사일을 직접 하지는 않으셨지만, 밤을 새워가며 길쌈을 하고 바느질을 해서 식구들 옷을 지어 입히셨다. 건강하시고 부지런하셔서 동네에서 제일 일 잘하는 안주인으로 이름이 났었다 한다. 내가 시집오던 해부터 조부님 제사가 다가올 때면 한 달 전부터 강정이며 유과를 만드셔서 나는 과자공장에 시집왔나 하고 착각도 했었다. 그뿐 아니라 어머님 살아 계신 동안에는 된장, 간장, 김장 등을 해본 적이 없었다. 어머님이 하시는 걸 도와드리긴 했어도 내 손으로 만든 적은 한 번도 없었다. 이처럼 어머님은 평생을 부지런히 가족들 챙기신 분이시다.

어느 부모나 다 그렇겠지만 우리 시부모님께서는 유달리 자식 사랑이 지극하셨다. 나도 시부모님께 평생 사랑받는 며느리로 살았다.

삼성약국

내가 시집왔을 당시 남편은 범일동 부산진시장 입구에서 삼성약국을 운영하고 있었다. 약국이 잘됐는지 갑자기 상점을 늘려서 크게 개업을 했다. 그때 삼성약국은 부산 시내에서 세명약국(국제시장에 있음) 다음으로 큰 약국이었다고 들었다.

내가 시집왔을 당시 남편은 범일동 부산진시장 입구에서 삼성약국을 운영하고 있었다. 약국이 잘됐는지 갑자기 상점을 늘려서 크게 개업을 했다. 그때 삼성약국은 부산 시내에서 세명약국(국제시장에 있음) 다음으로 큰 약국이었다고 한다.

약학대학 나온 친구는 있었어도 나는 약국에 대하여 아는 게 하나도 없었다. 대학 입시 때 의과대학에 가고 싶은 생각을 하긴 했지만 약학대학엔 별 관심도 없었다. 확장 개업하는 날에도 나는 한복을 예쁘게 차려 입고 약국 한편에서 구경만 했다. 다행히 남편도 내가 약국에 나오는 걸 별로 달가워하지 않는 것 같아 약국엔 안 나갔다. 사실 따로 하는 일이 있다 보니 약국엔 나갈 시간도 없었다.

큰 약국을 운영하는 만큼 여러 제약회사 직원들이 드나들며 판

𝄞 당시 삼성약국 건물과 남편

매를 권했다. 그러다 보니 남편은 거의 매일 저녁 술이었다. 약국엔 평균 대여섯의 직원이 카운터를 지켰고 약사도 한두 명 있었던 것 같다. 그때는 현찰만 취급할 때였다. 누가 지키고 있지 않으면 그야말로 점원들도 딴 생각하기가 쉬웠을 것 같다. 실제로도 우리 약국 점원이 약품을 빼돌리다가 경찰에 붙잡혔다는 연락을 받기도 했다. 그 일이 있은 후 아버님께서 우리에게 약국에 가서 살아야겠다고 말씀하셨다. 약국 일에 대해서는 아무것도 모르는 나였지만, 2년 동안의 시집살이를 마치고 큰애 첫돌이 지났을 때 약국 안주인이 되었다. 삼성약국은 그후 초량으로 이사하여 계속 하다가 대연동으로 이사 오면서 그만두게 되었다.

동해 상호신용금고

남편은 약국을 그만두고 다른 사업을 하다가 아버님께서 시작 하신 상호신용금고에서 일을 하게 되었다. 그때쯤 시부모님께서도 내가 사는 대연동 앞집으로 이사를 오셨다.

    남편은 약국을 그만두고 다른 사업을 하다가 아버님께서 시작하신 상호신용금고에서 일을 하게 되었다. 그때쯤 시부모님께서도 내가 사는 대연동 앞집으로 이사를 오셨다. 당시 대연동에 신흥 주택지로 새 저택이 많이 지어지고 있던 때였다. 시댁도 우리 집도 차고가 딸린 꽤 큰 집이었다. 남편은 아버님과 같이 출퇴근하며 평안한 생활이 계속되었다. 나는 우리 집 큰 안방에 그랜드 피아노 두 대를 들이고, 학교 강의를 마친 후 오후 늦게부터는 집에서 개인지도를 시작했다.

    1980년 이전만 해도 부산엔 아파트가 거의 지어지지 않았다. 다들 주택에 살았지 지금 같은 아파트나 빌딩 숲은 상상도 못한 시절이었다. 개인 주택이고 이웃집도 붙어 있지 않아 피아노를 아무리 쳐도 부담이 없었다. 피아노방에 방음을 할 필요도 없었다.

그러다 경기도에 살던 시동생 집에 문제가 생겼다. 사업이 잘 안되어서 식구들을 데리고 부산 시댁으로 들어온 것이다. 그때도 나는 워낙 바빠서 신경 쓸 겨를이 없었고, 시부모님께서 많이 힘드셨던 것으로 기억한다. 시동생은 신용금고에 잠시 다니다가 하와이 호놀룰루로 이민을 떠났다.

아들 원배, 영배

아들 둘은 형제간 의가 좋았다. 밖에서 싸우고 들어오는 일도 없었고 맞고 들어오는 일도 없이 비교적 착하게 자라주었다. 대연동에 살면서 대연초등학교를 졸업했고 중학교는 감만중학교, 고등학교는 중앙 고등학교를 졸업한 선후배 동창생이다.

나는 1966년 큰아들 원배를 낳고 3년 만인 69년 둘째 아들 영배를 낳았다. 아이들이 어려서는 내가 그다지 바쁘지 않아 내 손에서 잘 키웠지만 70년 들어 바빠지면서 아이들에게 제대로 못 해주면서 아빠가 아이들과 잘 놀아주고 친구가 되어주어서 한결 내가 마음이 놓였다. 아들 둘은 형제간 의가 좋았고 밖에서 싸우고 들어오는 일도 없었고 맞고 들어오는 일도 없이 비교적 착하게 자라주었다. 대연동에 살면서 대연초등학교를 졸업했고 중학교는 감만중학교, 고등학교는 중앙고등학교를 졸업한 선후배 동창생이다.

내가 1985년 1년 동안 외국 연수를 떠날 때는 큰아들은 대학교 2학년 때였고 작은아들은 고등학교 1학년 입학시켜놓고 미국 연수를 마음 편히 다녀올 수 있었다. 그렇게 계획을 세워서 아이들 학업에 지장이 없도록 했다. 큰아들은 대학 졸업 후 군 복무를 하지 않고 미국 유학을 떠났기 때문에 군 복무를 위해 석사 후 귀국했다가 그대로 취직해서 지금껏 회사에 근무 중이다.

둘째는 대학교 2학년에 군 복무를 마쳤다. 졸업 후 삼성에서 SDS 데이터시스템 소프트엔지니어링 집중교육을 받은 데 이어 미국 어학연수를 다녀왔다. 귀국해서는 아시아나 항공에 공채로 합격하여 현재까지 근무하고 있다.

하나님 은혜로 아들 둘이 모두 서른 살에 결혼하여 각자 아들, 딸 2명씩 낳고 잘살고 있어서 고맙고 감사한 마음이다.

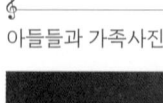
아들들과 가족사진

시부모님의 별세

1985년 5월 28일 아버님께서 뜻하지 않게 돌아가신 후 우리 집엔 정말 큰 변화가 생겼다. 당시는 내가 미국 연수 차 안식년을 얻어 나가 있을 때였다. 하늘 같은 아버님을 잃은 남편의 쇼크는 말할 수 없었을 것이다.

　　1985년 5월 28일 아버님께서 뜻하지 않게 돌아가신 후 우리 집엔 정말 큰 변화가 생겼다. 당시는 내가 미국 연수 차 안식년을 얻어 나가 있을 때였다. 하늘 같은 아버님을 잃은 남편의 쇼크는 말할 수 없었을 것이다. 사업을 더 이상 지속할 수 없었던지 아버님 사업체를 대강 정리했고 아버님의 재산을 자손들이 각기 나누어 가져가게 되었다. 다행히 아버님께서 해마다 일기장 끝에 자손들의 상속 재산 분배 내용을 기록해 두셨기 때문에 큰 어려움 없이 나눌 수 있었다. 어려운 문제이고 다툼이 생길 수 있는 일이었는데 형제간에 워낙 우애가 있는 집안이라 참 다행이었다.

　　그 후 남편은 아버님 모신 산소가 있는 농장에 다니는 것을 일로 삼고 다른 사업은 시작하지 않았다. 그 덕에 받은 재산 하나도 낭비하지 않고 그대로 관리하면서 지냈다. 다만 하와이로 이민 간 시동생이 이민 생활에 힘들 때면 가끔 도와주었던 것 같다. 힘에 부치기도 했을 텐데 나에겐 전혀 내색하지 않았다. 내가 눈치로 알아차릴 뿐이다. 우리 부부는 경제 문제에 대해서는 각자 처리하는 편이었다. 극히 큰일이 있을 때만 상의하고 별도로 돈 관리를 했기 때문에 비교적 다툼이 없었다.

아버님께서 돌아가신 후 우리는 어머님을 모시고 살았다. 따로 살고 싶어 하셨지만 그럴 수 없었다. 우리는 대연동 우리가 살던 뒷집에서 아버님 댁인 앞집으로 이사했다. 뒷집엔 피아노 방만 쓰고 친척분이 살게 했다. 아버님이 돌아가신 후 어머님도 건강이 나빠지셨다. 그 좋던 힘이 다 빠지시고 노후를 재미없이 지내셨다. 어머님과 아버님 사이가 워낙 좋으셨는데 짝을 잃으시니 모든 낙을 한 번에 잃으신 듯하다.

그러다 부산대학교 교수로 재직하다 보니 학교도 멀고 학교에서 학장을 해야겠다는 생각도 들면서 구서동 선경아파트로 이사를 결정하게 되었다. 그 집에서 지금까지 30년을 살아오고 있다. 당시에는 시어머니 살림과 내 살림, 그리고 데리고 살던 도우미 살림을 옮기려니 집 세 채가 필요했다. 보통 큰일이 아니었다.

대연동에서부터 치매기가 약간 있으셨던 어머님은 이사한 지

1년 만인 1994년 돌아가셨다. 그 다음 해인 1995년 큰아들이 결혼하고 3년 후 작은아들까지 결혼했으니, 가정적으로 큰 행사가 계속 이어졌다.

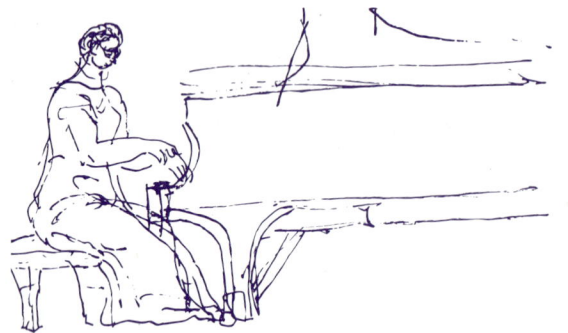

3장

대학교수 생활 I

생각지도 못한 서울·부산에서의 협연과
외국에서 진행한 독주회가
나를 부산대학교 교수가 되게 하였다.
이것이 바로 하나님이 나를 향해 세우신 계획이었고
은혜였고 선물이었다.

대학강사가 되다

김 교수님께서는 나를 반가이 맞아 주시며 1학기가 이미 시작되었으니 2학기에 강의 시간을 주겠다고 흔쾌히 말씀하셨다. 대학 강사는 꿈도 꾸지 않은 내게 이런 행운이 찾아오다니! 믿기지 않는 마음으로 다음 학기를 기다렸다.

　　대학 졸업 후 나는 스승이신 정진우 교수님의 개인 조교처럼 교수님의 어린 제자들을 가르치게 되었다. 교수님 댁에서 가르치기도 하고 방문 레슨도 하며 바쁘게 지냈다. 그런 중에 갑자기 부산으로 시집을 간다고 했는데 교수님께서는 기뻐해 주셨다. 알고 보니 교수님은 부산과 인연이 있으셨다. 교수님은 원래 경성제대 의과대학(현재는 서울의대)을 졸업하신 의사이신데, 6·25 당시 군의관으로 근무하시다가 발에 부상을 입고 상이군인으로 제대하셨다. 제대후 부산 보수동에서 '정 내과병원'을 운영하신 것이다.

　　일찍이 평양에서 피아노 공부를 하셨던 영향인지 부산 피란 시절 당시 음악인들과 교류하시면서 피아노 독주회까지 하셨다고 한다. 수복 후 서울로 돌아가서도 병원 개업은 하지 않고 음악활동을 이어가셨던 교수님은 이후 유학길에 올라 비엔나에서 피아노 디프롬(Diplom) 과정을 졸업하시고 서울음대 교수가 되셨다. 이런 인연으로 부산을 제2의 고향처럼 좋아하셨던 것 같다.

부산으로 간다는 나에게 교수님은 한성여대 김창배 교수님께 추천장을 써 주시며 한번 찾아뵈라고 하셨다. 2년제 여자 대학인 한성여자실업초급대학은 당시 중앙동 산 중턱에 있었다. 이후 영도 캠퍼스에서 7년 정도 지낸 후 1973년 대연동으로 옮겼고, 산업대학을 거쳐 지금은 경성대학교가 된 학교이다.

결혼한 그해 봄, 나는 곧장 김창배 교수님을 찾아갔다. 김 교수님께서는 나를 반가이 맞아 주시며 1학기가 이미 시작되었으니 2학기에 강의 시간을 주겠다고 흔쾌히 말씀하셨다. 대학 강사는 꿈도 꾸지 않은 내게 이런 행운이 찾아오다니! 믿기지 않는 마음으로 다음 학기를 기다렸다. 일가친척을 떠나 부산에 온 내게 하나님께서 준비해주신 선물이 아닐까 한다.

"여호와께서 아브람에게 이르시되 너는 너희 고향과 친척과 아버지의 집을 떠나 내가 네게 보여 줄 땅으로 가라. 내가 너로 큰 만족을 이루고 네게 복을 주어 네 이름을 창대하게 하리니 너는 복이 될지라."
― 창세기 12장 1, 2절

부산에서의 첫 독주회

음악회가 거의 없던 시절이었는데도 제법 많은 사람들이 모였다. 클래식 음악이 그리웠던 시절 열린 피아노 독주회이다 보니, 비교적 관심 있는 청중이 모였던 것 같다. 그렇게 첫 독주회를 성황리에 마쳤다.

　　부산 소재 대학에 음악과가 신설된 것은 내가 부산에 오기 약 3년 전부터였다. 사립대학인 동아대학교(4년제), 부산여자대학교(2년제), 한성여자실업대학(2년제) 등 세 개 대학에 음악과가 거의 동시에 만들어진 것 같다. 그전엔 부산 교육대학에 음악 전공 파트가 있었을 뿐이다. 제대로 음악대학을 졸업한 교수님도 거의 없었고 중고등학교 음악 교사들이 대학으로 자리를 옮겨 가르치는 형편이었다. 교육대학에서 음악을 공부한 선생님들이 대학생들도 가르치게 된 셈이다.

　　그런 상황이었으니 서울대학교 음악대학을 졸업하고 부산에 온 신진으로서 나는 기대를 받으며 강단에 나설 수 있었다. 음악과가 신설된 대학에는 반드시 교수가 필요했던 시기, 나에게는 절호의 기회였던 셈이다. 60년이 지난 요즈음의 실상과는 정말로 비교가 안 되는 시절이었다. 새삼 피아노를 공부한 것이 큰 행운이었음을 지금에 와서 더욱더 크게 느낀다. 돌이켜 보면 우리 동기 동창 중에 대학교수로 자리 잡은 사람이 특별히 많은 이유도, 1960년경 우리나라 서양 음악계의 발전과 함께 우리 동기생들이 교수로 발탁될 배경이 만들어졌기 때문이라고 생각한다.

드디어 시작된 2학기, 나는 대학교 강사로 일주일에 두 번 정도 학교에 나가게 되었다. 당시 대학생들은 어려서부터 피아노를 치지 않았기 때문에 대체로 수준이 낮았다. 서울에서 이미 아이들을 가르친 경험이 많아서인지 강단에 서는 것은 재미있고 전혀 부담도 되지 않았다. 시간이 지나면서는 개인지도 학생도 점점 늘어갔다.

강사 생활에 적응하며 익숙해질 무렵 김창배 교수님께서 내게 독주회를 권유하셨다. 교수님의 도움을 받아 독주회를 계획하고 대학 졸업 연주 때 했던 곡을 중심으로 프로그램도 쉽게 정했다. 문제는 독주회 장소가 없다는 것이었다. 당시만 해도 연주회를 할 마땅한 연주 홀조차 없던 시절이었다. 이번에도 김 교수님께서 도움을 주셨다. 부산일보 건물 4층 강당에 업라이트 피아노가 있다며 그곳으로 장소를 정해 주신 것이다.

독주회 날짜는 부산으로 시집온 해인 1965년 11월 22일. 첫 아이를 가지고 6개월 정도가 되어 배가 불러오는 참에 부산에서 가진

첫 독주회 팸플릿

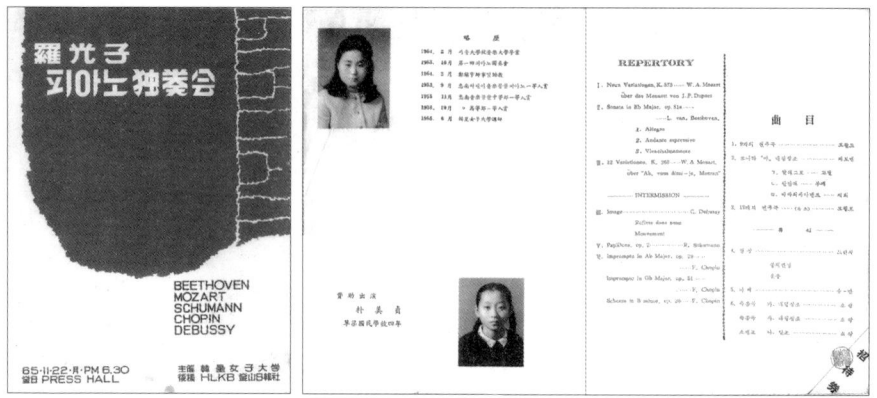

첫 독주회를 마친 후

부산 첫 독주회 장소인
부산일보 건물

첫 독주회였다. 음악회가 거의 없던 시절이었는데도 제법 많은 사람들이 모였다. 클래식 음악이 그리웠던 시절 열린 피아노 독주회이다 보니, 비교적 관심 있는 청중이 모였던 것 같다. 그렇게 첫 독주회를 성황리에 마쳤다.

한편, 부산으로 시집온 그해 나는 김창배 교수님을 비롯해 부산에서 가장 왕성하게 활동하시던 음악 교수님들을 만나 뵈었다. 부산에서 피아노 교수로 손꼽히던 제갈삼 교수님과 교육대학에 계시던 이상근 교수님도 그때 처음 만나 뵈었다. 이상근 교수님은 당시 부산음악교육연구회 회장을 맡고 계셨는데, 작곡가 금수현 선생님께서 1회 회장이셨던 단체이다. 당시 부산의 음악 콩쿠르라고 하면 부산음악교육연구회가 주최하는 음악 콩쿠르가 유일한 큰 대회였다. 나도 부산에 온 그해부터 이 부산음악교육연구회 콩쿠르의 심사위원으로 인연을 맺으면서 이상근, 제갈삼 교수님을 알게 되었다. 이 콩쿠르는 음악 선생님들이 모여 만든 전국 학생 음악경연대회로 올해 74회째 개최되며 전국에서 제일 오래된 콩쿠르로 남아 있다. 현재는 조현미 교수가 회장이라고 한다.

나는 김창배, 이상근, 제갈삼 이 세 분을 큰 은인이자 잊지 못할 선배 교수님으로 모셨다. 현재는 제갈삼 교수님만 100세를 바라보시며 생존해 계신다.

1970년경 부산에는 '대청장 연주홀'이라는 작은 규모의 연주회장이 있었다. 원래 결혼식장이었던 이곳은 현재 위치상 메리놀 병원에서 국제시장으로 내려가는 비탈길 중간에 있었다.

대청장 연주홀

    1970년경 부산에는 '대청장 연주홀'이라는 작은 규모의 연주회장이 있었다. 원래 결혼식장이었던 이곳은 현재 위치상 메리놀 병원에서 국제시장으로 내려가는 비탈길 중간에 있었다. 약 150명 정도 들어갈 수 있었으니 제법 무대가 있는 홀이었는데, 현재는 가톨릭센터로 유지된다고 한다.

    마땅한 연주홀이 없었던 당시 이곳에서 소규모 연주회가 자주 열리고는 했다. 개인지도 학생이 많아지면서 나 역시 대청장 연주홀에서 연주회를 열었다. 초등학생 여덟을 모아 어린이날 기념으로 열었던 피아노 발표회였다. 첫 문하생 발표라고 할까? 한성여대 문하생들도 이곳에서 발표회를 가졌고 한성여대 교수음악회, 서울음대 동창들과 음악회도 열었다. 독창회 반주도 했었는데 연주 때마다 꽤 많은 청중이 모였던 것으로 기억한다.

    대청장 연주홀 얘기를 할 때 김창배 교수님 이야기를 빼놓을 수 없다. 당시 대청장 연주홀에는 그랜드 피아노 한 대 없이 업라이트 피아노만 있었다. 이를 안타깝게 여긴 교수님께서 야마하 그랜드 피아노를 사비로 구입하시고는, 음악회 때 필요한 분에게 운반비만 받고 대여해주신 것이다.

(위) 대청장 연주홀
독창회 반주 모습
(아래) 어린이날 발표회
(1970년 5월 4일)

어린이날 기념 피아노 연주회 프로그램

어린이날 기념 피아노 연주회

1970년 5월 4일 | 대청장 연주홀

1. **L. V. BEETHOVEN**
   Sonatine in F
   Allegro assai
   Program
   Rondo Allegro
   　　　　　　　배정국민교 3년 남유리

2. **L. V. BEETHOVEN**
   6 Variationen in G
   über "Nel cor piu non mi sento"
   　　　　　　　남성국민교 3년 임애경

3. **B. BARTÓK**
   from "For Children"
   Allegro. poco Allegretto. Allegro.

   L. V. BEETHOVEN
   Sonata Op.49. No. 1. in g
   Andante
   Rondo Allegro
   　　　　　　　동신국민교 4년 박세경

4. **W. A. MOZART**
   12 Variationen.
   in C. K.265
   über "Ah! vous dirai-je, Maman"
   　　　　　　　배정국민교 4년 박영희

5. **W. A. MOZART**
   Sonata, in C. K. 279
   Allegro

   F. CHOPIN
   Waltz Op. 34 NO. 2. in a.
   Lento
   　　　　　　　성동국민교 4년 오지민

6. **A. DIABELLI**
   Sonatine Op.151. NO.2. in C
   Moderato
   Andante con espressione
   Rondo Allegro
   　　　　　　　남성국민교 5년 박소혜

7. **J. S. BACH**
   English Suite III
   Prelude Allegro

   F. SCHUBERT
   Impromptu Op.90. NO.4. in Ab
   Allegro
   　　　　　　　진해 도천국민교 5년 염지선

8. **W. A. MOZART**
   9 Variationen in D. K.573.
   über das Menuett von Duport

   C. DEBUSSY
   from "Childrens corner"
   Doctor Gradus ad Parnassum
   Gollwogg's cake-walk
   　　　　　　　혜화국민교 5년 이동섭

9. **L. V. BEETHOVEN**
   Sonata Op.14. No.2. in G.
   Allegro

   C. M. WEBER
   Rondo Brillant
   Op.62. in Eb
   　　　　　　　남성국민교 5년 우혜원

10. **W. A. MOZART**
    Sonata in Bb. K.333.
    3Mov. Allegretto grazioso

    B. BARTOK
    from. "For Children"
    Allegro robusto
    Allegretto
    Molto vivace
    　　　　　　　혜화국민교 6년 남석우

전임교수 임명과 바빠진 교단생활

나는 이상근 교수님의 부름을 받고 신설된 음악교육학과 피아노 강사로 부산대학교 강단에 서게 되었다. 한성여대 전임에다 동아대와 부산대까지, 그야말로 부산시 끝에서 끝까지 다녀야 하는 형편이었다.

1973년 한성여대가 지금의 경성대학교 자리인 대연동으로 이전했다. 이전과 함께 나는 8년간의 시간강사를 마치고 전임교수로 발령받았다. 전임교수 발령 때에도 김창배 교수님께서 나를 적극 추천해 주셨다. 물론 그동안 내 음악활동이 반영된 결과이겠지만 어쨌든 행운의 큰 선물이었다.

전임교수가 되고 보니 학교에 출근을 해야 했다. 하지만 학교와 떨어진 수정동에서 살며 유치원생 큰아이와 다섯 살 둘째 아이를 돌보아야 하는 나로서는 녹록지 않은 일이었다. 아버님을 설득해 그 당시 개발이 한창이던 대연동으로 이사를 했다. 집도 현대식 주택이었고 학교엔 걸어서 갈 수 있는 거리였다. 이때부터 내 생활은 정말 바빠졌다.

당시 한성여대는 2년제, 동아대는 4년제였다. 그러다 보니 한성여대 졸업 후 지금의 동아대학교 병원 자리에 있던 동아대학교 음악과로 편입하는 학생들이 늘었다. 자연스럽게 나는 동아대학교 강사를 겸했다. 1974년에는 부산대학교 사범대학에 음악교육학과가 신설되었다. 음악교육학과 신설은 이상근 교수님의 적극적인 설립 의지로 이루어 낸 산물이자 부산 음악계로서도 엄청난 소득이었다. 하지만 발족 당시에는 건물도 없어 지금은 정원이 되어 없어진 학생회관 옆 건물에 임시로 마련한 강의실, 연습실, 사무실에서 개강을 해야 했다. 이상근 교수님이 과장을 맡으시고 성악에 이보향 교수님, 피아노에 제갈삼 교수님 세 교수님께서 설립 교수님이 되셨다.

나는 이상근 교수님의 부름을 받고 신설된 음악교육학과 피아노 강사로 부산대학교 강단에 서게 되었다. 한성여대 전임에다 동아대와 부산대까지, 그야말로 부산시 끝에서 끝까지 다녀야 하는 형편이었다. 지금처럼 자가용으로 다니는 것도 아니고 택시로 다녀야 했으니 바쁜 생활을 감당하느라 힘이 들 수밖에 없었다. 결국 동아대학교에 사표를 내고 부산대학교만 나가면서 그나마 짐을 좀 덜게 되었다.

산업대학교 콘서트홀

최고 연주용 슈타인웨이 그랜드 피아노까지 갖춘 300석 넘는 연주홀다운 연주홀의 건립에 호응도 상당히 좋았다. 지금은 교내에서만 사용되고 있지만 1980년대에만 해도 부산의 작은 음악회는 거의 산업대학 콘서트홀에서 열릴 정도였다.

대연동으로 이전한 한성여대는 곧이어 4년제 남녀공학으로 승격, '산업대학교'로 교명을 바꾸었다. 당시 박정희 대통령이 한국의 산업 발전에 전력을 다하고 있을 때였던 만큼 산업대학으로 승격하는 것이 대학 발전에 유익하다고 생각했던 것 같다. 그 당시 전국적으로 산업대학교가 많이 신설된 것도 같은 이유에서였을 것이다. 산업대학으로 이름을 바꾸고 4년제 남녀공학이 되면서 학교는 점차 발전해 나가기 시작했다. 산을 깎아 골짜기를 메우고 새 건물을 세우고 새로운 과가 생기는 등 대학다운 면모를 갖추어 갔다.

내가 부산대학교의 전임으로 자리를 옮긴 1976년 이후의 이야기이긴 하지만, 이왕 산업대학교 얘기가 나왔으니 1983년에 개관한 산업대학교 콘서트홀에 대해 언급하려 한다. 이는 또한 김창배 교수

산업대 콘서트홀 예능 교실 공연 후

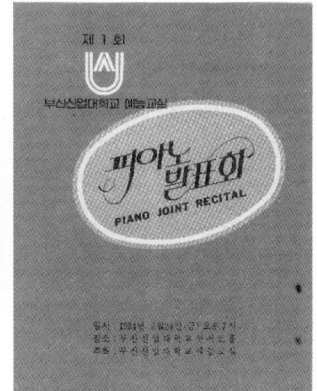
예능 교실 발표회 팸플릿

님에 대한 세 번째 이야기가 되겠다.

 산업대학교로 바뀌면서 음악관 건립을 적극 추진하셨던 교수님은 음악관에 콘서트홀을 지어야겠다는 결심을 하시고는 그 어려운 일을 해내셨다. 최고 연주용 슈타인웨이 그랜드 피아노까지 갖춘 300석 넘는 연주홀다운 연주홀의 건립에 호응도 상당히 좋았다. 지금은 교내에서만 사용되고 있지만 1980년대에만 해도 부산의 작은 음악회는 거의 산업대학 콘서트홀에서 열릴 정도였다.

 산업대학교는 이후 경성대학교로 교명이 바뀌었고 김 교수님은 예술대학 학장이 되셨다. 교육열이 대단하셨던 교수님은 음악 예능 교실을 열었다. 1980년 7월 30일 '과외 금지령'이 내리자 개인지도를 받던 초중고등 학생들이 실기지도를 받을 수 없게 되었는데, 교수님께서 예능 교실을 만들어 대학에서 실기지도를 받을 수 있는 길을 열어주셨던 것이다. 나도 이 예능 교실에서 지도한 학생들을 모아 문하생 발표회를 여는 등 훌륭하고 유능한 피아니스트들을 키워냈다. 현재 음악대학 교수로 활약하고 있는 이미경(전남대학교), 강현주(순천대학교), 노경원(인제대학교) 이외에도 제법 많은 학생이 이 예능 교실 출신이다.

부산 시립교향악단과의 협연

대만 타이베이 세기 교향악단 지휘자 랴오 씨가 지휘하는 부산시립교향악단 제81회 연주회가 1974년 7월 12일 열리게 되었다. 베토벤 에그몬트 서곡과 모차르트 교향곡 제29번 A장조 K.201, 피아니스트 나광자가 모차르트 협주곡 27번 K595 장조를 협연하는 음악회였다.

부산시립교향악단의 모태는 오태균 교수님께서 만든 '부산교향악단'이다. 1963년 부산시의 직할시 승격과 함께 부산시립교향악단으로 이름을 바꾸었고, 오 교수님은 초대 지휘자가 되셨다. 내가 부산에 왔을 당시에도 오태균 교수님께서 지휘자로 계셨는데, 오 교수님은 후에 지금의 신라대학교 전신인 부산여대 총장까지 하셨다.

오태균 교수님이 부산여대 음악과 교수로 가시면서 한병함 선생님이 시립교향악단의 2대 지휘자를 맡으셨다. 어느 날 한병함 선생님께서 협연할 기회가 있는데 하겠느냐며 연락을 해 오셨다. 당시 한 선생님께서는 대만 타이베이(Taipei)의 '세기 교향악단' 지휘자인 랴오 씨를 알게 되었고, 대만 현지에서 세기 교향악단을 지휘하고 오셨다고 하셨다. 그리고 이번에는 랴오 씨를 부산으로 초대하여 부산 시향의 지휘를 부탁하셨다며, 협연자로 나를 추천하셨다는 것이다. 이런 좋은 기회가 나에게 찾아오다니! 나는 흔쾌히 그러겠다고 하였다. 정말 큰 행운이자 선물이었다.

이렇게 해서 대만 타이베이 세기 교향악단 지휘자 랴오 씨가 지휘하는 부산시립교향악단 제81회 연주회가 1974년 7월 12일 열리게 되었다. 베토벤 에그몬트 서곡과 모차르트 교향곡 제29번 A장조 K.201, 피아니스트 나광자가 모차르트 협주곡 27번 K595 장조를 협연하는 음악회였다. 협연 장소는 부산시민회관 다목적홀이었다. 부

부산시립교향악단과의 협연

부산시립교향악단과의 협연
팸플릿과 프로그램

부산시립교향악단 제81회 정기연주회

1974년 7월 12일 | 시민회관

PROGRAM

1. **Beethoven** : Overture op. 84.
   "Egmont"

2. **Mozart** : piano Concerto in B♭ Major K. 595
   Allegro
   Larghetto
   Allegro

INTERMISSION

3. **Mozart** : Symphony No.29 in A Major
   Allegro moderato
   Andante
   Menuetto
   Allegro Con Spirito

산시민회관은 부산시의 직할시 승격 이후 10년 만인 1973년 부산 동구에서 개관했다. 다목적홀은 1,600석 정도의 대강당이었지만, 시 행사 개최를 주목적으로 지어져서 피아노는 업라이트 하나만 있었다. 연주용 그랜드 피아노가 없으니 나로서는 난감했다. 당장 피아노를 빌려야 해서 제자 이동섭(현 동의대 교수)이 가지고 있던 야마하 그랜드 피아노 중형을 빌려 공연을 마쳤다.

이와 비슷한 경우는 또 있었다. 우리나라 최고 지휘자인 피아니스트 정명훈 씨가 1974년 차이코프스키 콩쿠르 준우승을 했을 때다. 이를 기념하기 위해 개선 연주회를 부산에서도 열게 되었는데, 이때도 역시 연주용 그랜드 피아노가 없어 어느 종교단체의 피아노를 빌려 연주해야 했다.

국립교향악단과의 협연

국립교향악단은 현재 KBS 교향악단의 전신이다. 말하자면 한국에서는 제일가는 교향악단과 협연하게 된 것이었다. 이것 역시 보통 행운이 아니었다.

부산에서 협연 이후 우리 이모부께서 서울 국립극장장으로 근무하고 있다는 생각이 났다. 이모부님은 앞에서도 언급했듯이 서울 음대 성악과 1회 졸업생이신 김창구 씨로, 정진우 교수님과도 친분이 있으셨다. 두 분 모두 이북 평양에서 피란 오신 분들이시고 동년배이다. 생각난 김에 용기를 내어 이모부님께 연락을 드렸다.

이모부님께서는 사정 얘기를 들으시고는 마침 8월에 하기 특별 연주회가 있는데 그때 협연하면 될 것 같다고 하시며 좋아하셨다. 다만 특별 연주라 모차르트곡 같은 긴 곡은 어울리지 않으니 짧고 화려한 곡이 좋겠다고 하셨다. 어떤 곡을 해야 할지 정진우 교수님과 상의했다. 교수님께서는 리스트의 <헝가리 광시곡> 중 연주할 수 있는 곡이 하나 있으니 그 곡이 좋겠다며 곡을 선택하여 주셨

협연 모습

다. 일반인들에게도 많이 알려진, 15분 정도의 단악장 곡이다.

그때가 공연이 한 달 남짓 남았을 때였다. 열심히 하면 되겠다는 마음에 맹연습에 들어갔다. 마침 방학이라 연습하긴 좋았다. 국립교향악단은 현재 KBS 교향악단의 전신이다. 말하자면 한국에서는 제일가는 교향악단과 협연하게 된 것이었다. 이것 역시 보통 행운이 아니었다. 음악회 프로그램도 화려했다. 협연자는 나를 포함해 성악가인 테너 홍춘선 교수님과 소프라노 박노경 교수가 함께하게 될 것이었다.

그런데 연주회 날짜인 1974년 8월 17일을 겨우 이틀 앞둔 8월 15일, 뜻밖의 사건이 발생했다. 우리 공연 장소인 국립극장에서 열린 그해 광복절 행사에서 대통령 부인이신 육영수 여사 저격 사건이 일어난 것이다. 육영수 여사의 사망으로 극장은 문을 닫아야 했고 결국 음악회는 9월 7일로 연기되었다.

　연기되어 열리긴 했지만 공연은 성공적이었다. 나는 원래 서울에 친척이 많고 형제들도 모두 서울 살고 있었다. 서울에 살던 친구들 등 많은 분이 공연을 찾아 주었다. 정진우 교수님을 비롯해 서울음대 교수님들까지 와 주셨다. 큰오빠가 서울대 교학처장으로 계실 때라 리셉션까지 잘 마쳤다. 이렇게 하여 1974년 나는 화려한 두 번의 협연을 서울과 부산에서 무사히 잘 마치게 되었다.

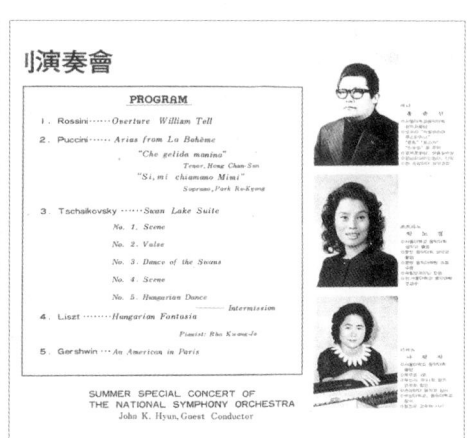

국립교향악단과의 협연 팸플릿

부산대학교 교수로

대만에서 가졌던 독주회 프로그램을 제출하여 100퍼센트를 더 채우니 실적을 충족하게 되었다. 이런 우여곡절 끝에 4월 19일 발령을 받게 되었다. 정말로 기적이라고나 할까? 생각지도 못한 서울·부산에서의 협연과 외국에서 진행한 독주회가 나를 부산대학교 교수가 되게 하였다.

    1976년 4월 19일, 부산대학교 사범대학 음악교육학과 교수로 발령받았다. 교수로 발령받기까지 뒷이야기가 있어 적어보려 한다.

    1974년 부산대학교 사범대학에 음악교육학과가 신설되어 시간강사로 출강하게 되었다. 그러다 보니 아무래도 국립대학인 부산대학교에 마음이 기울었고 김창배 교수님과 조심스럽게 의논한 뒤 학교를 옮기기로 마음을 굳혔다. 1975년 2학기에 음악교육학과 과장이신 이상근 교수님께 의중을 말씀 드리고 부산대학교 교수 채용에 서류를 제출했다.

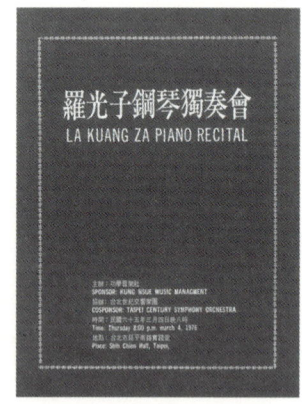

타이베이 독주회 팸플릿

타이베이 독주회 프로그램

LA KUANG ZA PIANO RECITAL

1976년 3월 4일 | Shih Chien Hall, Taipei

― 節 目 ―
PROGRAM

一、C小調幻想曲 ·· 莫札特 K四七五
    FANTASIA IN C MINOR   MOZART K.475
        慢板―快板―行板―慢板
        Adagio-Allegro-Andante-Adagio

二、奏鳴曲第十八號(作品卅一, 第三號) ························ 貝多芬
    SONATA No. 18. OP.31. No.3   BEETHOVEN
        快板
        Allegro
        詼諧曲―活潑的小快板
        Scherzo-Allegretto vivace
        小步舞曲―優美的中板
        Menuetto-Moderato e grazioso
        如火的急板
        Presto con fuoco

三、四首卽興曲 ··· 蕭邦
    FOUR IMPROMPTUS   CHOPIN

作品	廿九	降A大調	甚快板
OP.	29	A♭ major	Allegro assai
作品	卅六	升F大調	小行板
OP.	36	F♯ major	Andantino
作品	五十一	降G大調	活潑的快板
OP.	51	G♭ major	Allegro vivace
作品	六十六	升O小調	激動的快板
OP.	66	C♯ minor	Allegro agitato

四、幻想組曲 ·· 李相根
    FANTASY SUITE   SANG-KEUN LEE
        1. 托卡塔   急促的快板
            Toccata   Allegro Precipilade
        2. 哀歌   持續的行板
            Threnody   Andante con Sostenuto
        3. 間奏曲   優美的小快板
            Intermezzo   Allegretto con Leggiadro
        4. 迴旋曲   激烈的急板
            Rondo   Presto Furioso

타이베이 독주회에
와준 큰오빠와

　한편 이 무렵 나에게 한병함 선생님의 주선으로 부산시향을 지휘하러 왔던 세기 교향악단 지휘자께서 타이베이 독주회 초청을 해왔다. 이에 그해 겨울 갑자기 독주회 프로그램을 새로 정하고 부지런히 연습했다. 한병함 선생님께서 대만 세기 교향악단 지휘를 위해 먼저 출국하셨지만 나는 함께 갈 수 없었다. 그 시절엔 아직 외국 여행이 허용되지 않던 때여서 개인 자격으로 출국할 수 없었던 시대이다. 출국을 허가받으려면 대만 외무성에서 한국에 초청장을 보내어 검토를 받아야 했고, 또 일반여권 아닌 관용여권으로만 출국이 허용되었다. 이런 과정을 거쳐 드디어 타이베이로 출국이 결정되었다.
　나로서는 그것이 첫 외국 여행이어서 정말 어리둥절한 상태로 기대 반 두려움 반으로 출국하였다. 처음으로 혼자 외국에 나가다 보니 당황하여 타이베이 공항에 내려서도 곧장 입국 수속을 못 하고 주저했던 기억이 있다. 지금 생각해도 아찔하다. 마중 나오신 한병함 선생님을 비행장에서 만나 뵙고서야 마음이 놓였다.

우여곡절 끝에 1976년 3월 4일, 나는 대만 타이베이시 실전당홀에서 독주회를 하였다. 이때도 큰오빠가 참석했다. 오빠에게 전화해 타이베이에서 독주회를 하게 되었으니 참석한 뒤 가까이 홍콩 구경도 시켜 달라고 졸랐던 터였다. 당시 큰오빠가 어느 기관에서 무엇을 하셨는지 지금은 생각이 안 나지만, 항상 높은 기관의 장으로 일하고 계셨기에 출국도 자유로우셨던 것 같다. 오빠는 곧장 타이베이로 오셔서 미국에서 같이 공부한 친구도 만나시는 등 외국에서도 익숙해 보였다.

타이베이 독주회는 초청해 주신 랴오 선생님 내외의 배려로 잘 마쳤고 나는 오빠와 함께 홍콩으로 갔다. 우리는 이틀 동안 즐겁게 홍콩 관광을 했다. 한국 부산 촌사람이 복잡한 홍콩에서 엄청난 경험을 했다. 다만 홍콩은 생각보다 볼 만한 경치도 없고 복잡하기만 할 뿐, 그다지 마음에 드는 도시는 아니었다. 홍콩 관광을 마친 후 오빠는 곧장 귀국하였고 나는 다시 타이베이로 돌아가야 했다.

그때 홍콩 공항에서 또 한 번 아찔한 순간을 만났다. 타이베이행 비행기를 타야 했는데 다른 게이트에 앉아 대기했던 것이다. 홍콩 비행장엔 출입국 게이트가 많아 상상을 초월했다. 같은 시기 우리나라 김포 공항에 출입국 게이트가 한두 개였던 걸 생각하면 더 그랬다. 마침 옆에 앉아 있던 일본사람이 나를 보고 어디 가느냐고 물었던 것이 천운이었다. 타이베이에 간다는 내 대답에 여기는 도쿄로 가는 게이트라고 알려준 것이다. 놀라서 급히 내가 탈 게이트를 찾아 겨우 도착했다. 사람들은 이미 다 들어간 뒤였고 내가 거의 마지막이었다. 외국 공항을 처음 이용하며 겪은 땀 나는 순간이었다.

그렇게 다시 타이베이로 돌아가 한병함 선생님께서 지휘하시는 세기 교향악단 음악회를 관람했다. 그때 내가 만난 대만 사람들은 몹시도 친절했다. 특히 기억 나는 것은 타이베이 사람들이 우리나라 사람 못지않게 문화생활을 하고 있다는 점이었다. 아침을 9시경에 시작하면 12시경까지 즐기면서 식사하고 저녁을 9시에 시작하면 밤 12시경까지 식사를 하는 여유가 있었다. 8시에 시작한 음악회도 끝난 후 서로 대담하는 시간이 정말 길었다.

그 후 이틀 동안 타이베이 근교를 관광하면서 짧은 시간 많은 것을 보고 느꼈다. 귀국 길에는 일본을 경유한 덕분에 한병함 선생님과 함께 잠깐이지만 일본 여행도 할 수 있었다. 이렇게 대만 타이베이에서 독주회를 하고 4월 10일 귀국하였다.

귀국하고 보니 부산대학교에 제출하고 간 서류가 문제가 있는지 4월 1일자 발령이 보류된 상태였다. 연구실적이 모자란 까닭이었다. 연구실적 200퍼센트가 되어야 하는데 100퍼센트밖에 안된다는 이유였다. 급히 대만에서 가졌던 독주회 프로그램을 제출하여

타이베이 독주회에 대한
현지 언론 및 학보 기사

100퍼센트를 더 채우니 실적을 충족하게 되었다. 이런 우여곡절 끝에 4월 19일 발령을 받게 되었다. 정말로 기적이라고나 할까? 생각지도 못한 서울·부산에서의 협연과 외국에서 진행한 독주회가 나를 부산대학교 교수가 되게 하였다. 이것이 바로 하나님이 나를 향해 세우신 계획이었고 은혜였고 선물이었다.

> "사람이 마음으로 자기의 길을 계획할지라도 그의 걸음을 인도하시는 이는 여호와시니라."
> - 잠언 16장 9절

예술대학 음악학과 출범

박물관 자리에서 출발한 음악교육학과는 예술대학 음악학과에 통폐합되기 전까지 약 14년간(1974~1988년) 우수한 교사를 많이 배출했다. 그러다 1982년 예술대학 음악학과가 신설되었다.

　　부산대학교 사범대학 음악교육학과는 미술 교육학과와 함께 신설되었다. 앞서 잠깐 언급했듯 학과를 신설하고도 당장 강의실을 비롯한 연습 공간이 전혀 없었다. 지금은 정원으로 꾸려져 흔적도 볼 수 없는, 학생회관 옆 가건물 비슷한 공간이 우리가 쓸 강의실이었다. 그곳에 간단히 방음시설을 만들어 출발했으니 정말 형편없는 시설로 시작했던 것이다.

　　몇 년이 지난 후 지금의 박물관 자리로 이전해서 그래도 강의실 비슷한 곳은 생겼는데, 연구실은 이야기가 달랐다. 약학대학이 쥐를 키우며 실험실로 쓰던 반지하에 업라이트 피아노 한 대를 두고 가르쳤던 것이다. 그 시절을 생각하면 지금 학생들은 상상할 수도 없는 좋은 시설에서 공부하는 것이다. 그런 시설이었지만 사범대학 학생들이라 모두 학구열이 높고 학과 성적도 우수했다. 그나마 다행인 것은 큰 강당(부산대학교 초창기 예배당이었음)이 있어서 매주 연주 시간이면 학생들이 한자리에 모였고 합창도 하는 등 나름대로 모양을 갖추어 갔다는 점이다. 내가 학과장을 할 때쯤엔 이 강당에 마루도 깔고 치장도 했던 기억이 난다.

박물관 자리에서 출발한 음악교육학과는 예술대학 음악학과에 통폐합되기 전까지 약 14년간(1974~1988년) 우수한 교사를 많이 배출했다. 그러다 1982년 예술대학 음악학과가 신설되었다. 음악교육학과가 폐과된 데는 다음 두 가지 이유가 있다. 첫째, 세월이 가면서 음악교사 자리가 점점 줄어들었고 채용이 지연되었던 점이다. 졸업 후에도 교사 발령을 바로 못 받거나 멀리 외지로 발령이 나니 졸업생들은 교사를 포기하기까지 했다. 실기가 우수한 학생들은 교사 대신 전공을 살려 대학원으로 진학하거나, 외국으로 유학을 가는 학생도 늘기 시작했다.

두 번째는 예술대학 음악학과가 신설되면서 음악교육학과보다는 전공 위주인 예술대학 음악학과를 지망하는 학생들이 많아진 것이다. 학교 당국에서는 예술대학에 모든 시설을 마련해야 하는데 음악교육학과와 똑같은 시설을 학내에 또다시 만들자니 이중으로 부담이 되었다. 이러한 고민의 결과 음악교육학과를 폐과하게 되었다.

사실 음악교육학과 때도 실기 지도 시간이 있어 매주 1시간씩 음악대학 학생과 똑같은 시스템으로 가르쳤기 때문에, 대학원으로 입학하기가 용이했다. 그러면서 음악교육학과를 졸업해도 발령이 어려워지자 이상근 교수님께서 사범대학에서 벗어나 예술대학 신설을 적극 계획하셨다.

    1982년 부산대학교에 드디어 예술대학이 신설되었다. 음악교육학과 학생 모집은 1984년부터 이미 끝난 터였고 1988년에는 음악교육학과 교수들 모두 예술대학으로 전보 발령을 받았다. 음악교육학과 피아노 전공 교수 5명이 예술대학 음악학과로 옮겨가니 예술대학 기존 교수와 합하여 한때는 피아노 교수가 9명이었던 때도 있었다. 전임 교수가 충분히 전 학생 시간을 감당할 수 있었기에, 내가 정년을 할 때까지 피아노 전공 강사는 한 명도 없었다.

1978년 드디어 세 번째 독주회를 열게 되었다. 장소는 부산시민회관 대강당이었고 마침 새로 들어온 독일제 그랜드 스타인웨이 피아노로 연주했다.

세 번째 독주회

국립대학 교수가 되고 보니 학생 지도는 물론 개인 연구 실적도 쌓아야 하는 부담이 있었다. 그런 와중에 집도 가깝지 않았다. 한성여대 교수 생활을 하며 대연동으로 이사를 했던 터라, 장전동 부산대학교까지는 상당히 먼 거리였다. 아침 일찍 집을 나서야 했고 집에 돌아오면 또 개인 지도 학생을 가르쳐야 하니 이중부담이었다. 보통 힘든 게 아닌 중에도 또한 독주회를 계획하고 연습해야 했다. 그나마 그 시절엔 집에서 함께 먹고 자는 식모(도우미를 그 시절에는 그렇게 불렀다)를 두고 살았던 덕분에 집안일은 모두 맡길 수 있었다. 식모가 아이들도 전적으로 잘 챙겨주니 정말 다행이었다.

음악교육학과 시절엔 주로 독창회 반주를 하거나 제자들과 함께하는 조인트 리사이틀, 그리고 교수 합동 연주회 등으로 실적을 쌓았다. 그리고 1978년 드디어 세 번째 독주회를 열게 되었다. 장소는 부산시민회관 대강당이었고 마침 새로 들어온 독일제 그랜드 스타인웨이 피아노로 연주했다.

새로 사들인 귀한 피아노이다 보니 재미있는 에피소드도 생겼다. 아래 사진에서처럼 피아노 받침대를 따로 만들어 그 위에 올려두고 연주한 것이다. 그리고 받침대 밑에 바퀴를 달아 밧줄로 끌고 다녔다. 지금 그 모습을 보면 웃음이 나온다. 하지만 또 한편 얼마나 피아노를 귀히 여겼었는지를 생각하게 된다. 이런 시대에 부산대 교수가 피아노 독주회를 한다니 그 큰 홀에 청중이 제법 많이 모였다. 그 역시 신기한 일이었다.

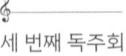
세 번째 독주회

세 번째 독주회 팸플릿과 프로그램

 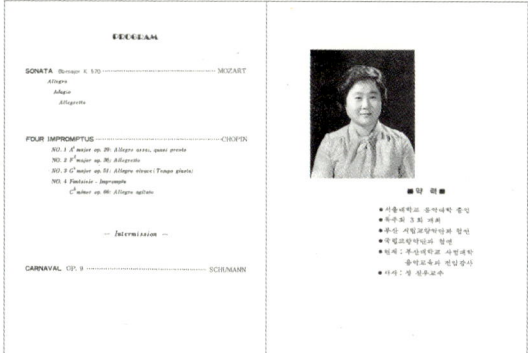

나광자 피아노 독주회

1978년 11월 28일 | 부산시민회관 대강당

PROGRAM

SONATA Bb major K. 570 ·· MOZART
    Allegro
       Adagio
          Allegretto

FOUR IMPROMPTUS ·· CHOPIN
    NO.1 A^b major op. 29: Allegro assai, quasi presto
    NO.2 $F^\#$ major op. 36: Allegretto
    NO.3 G^b major op. 51: Allegro vivace (Tempo giusto)
    NO.4 Fantaisie - Impromptu
        $C^\#$ minor op. 66: Allegro agitato

INTERMISSION

CARNAVAL op.9 ··· SCHUMANN

프로그램은 모차르트 <소나타>, 쇼팽 <즉흥곡>, 그리고 슈만의 <카니발 Op.9>로 정하였다. 쇼팽 즉흥곡 네 곡 중 두 곡은 대학생 때 공부한 곡이었지만 모차르트 소나타와 슈만의 카니발은 처음 연주하는 곡이어서 많은 연습이 필요했다. 특히 슈만의 카니발은 손이 작은 나에게는 정말 벅찬 곡이다. 그런데도 워낙 춤곡을 좋아하여 꼭 도전해보고 싶었다. 열심히 연습을 하다 보니 기분도 좋고 제법 잘 되기에 밀고 나갔다. 정진우 교수님께 들려 드리기도 했다. 교수님께서는 "이 곡은 언제 연습했어?"라며 칭찬해 주셨다. 그 말씀에 더 용기를 얻었고 독주회도 성공적으로 마칠 수 있었다. 당시 독주회에 대한 김창배 교수님의 연주평을 소개한다.

김창배 교수님의 평

금년에 들어 많은 독주회 중에서도 작품(곡목 선택), 기능, 인간성의 세 가지 요소를 올바르게 구비한 연주회를 들을 수 있었던 것은 나광자 독주회의 경우를 생각하면 좋은 표본이 될 것이다. 현대 연주회를 평가하는 데는 기교면의 구사는 물론이거니와 아울러 강조해야 하는 것은 작품과 인간관계를 보다 긴밀하게 융합시키는 예술 본연의 표현 영역에 얼마만큼 도달하느냐에 달려 있다.

요즈음 세계적 추세를 보아 많은 연주자들이 표방하는 새로운 방향(보다 자기에게 충실한 생각)이란 양식으로 스스로 실천에 옮기고 있는 점이다. 이번 연주회에서는 이러한 사조에 맞는 징조를 발견할 수가 있는 점을 자기 발전과 앞으로의 연주 방향에 진보적인 사례를 남겨준 것이 더욱 큰 의의가 있었다. 목적에 의해서 기교도 바꾸어 친다는 음악 발전에 미래성을, 한국의 경우에도 논할 수 있는 만큼의 좋은 연주였다.

모차르트의 K.570은 알려져 있는 상식 이상으로 유창하고 시원한 연주였다. 투명한 톤과 섬세하고 가냘픈 정취가 아쉬웠다. 쇼팽의 즉흥곡 전 4곡은 기교적인 면과 다이내믹한 표현력과 꾸준한 개성 신장에서 오는 넓은 한도의 많은 공감을 주었다. 이 곡들이 가진 몇 가지 매력은 심리적으로는 긍정과 부정의 대비, 색채적인 명암의 뉘앙스, 관능적인 정열과 환상적인 면이 있다고 보면 명암의 조화 그리고 관능과 환상을 이어주는 선적인 연결에 좀 깊은 배려가 아쉬웠다. 슈만의 음악과 우리들의 음악적 기호에 많은 동질성을 상기시켜준 가연이었다. 서구적인 표제를 우리들이 그냥 받기에는 많은 시일이 필요하지만, 20곡에 달하는 많은 곡 중에는 작곡자가 말하는 (프로데스탄)적인 관능의 요소가 많이 낀 음악이다.

악곡 처리에 다소 미비한 점은 고사하고 표제의 개념과 아울러 무대의 무엇이 있을 듯하는 가상으로 이끌어주었다. 박력 있는 느낌을 주는 것은 그 인간 표현의 귀중한 가치이고 이번 연주를 통하여 학구적인 면과 진지한 태도에서의 좋은 귀감이 될 것이다.

독일 쾰른 음대 연수

전임강사에서 조교수로 발령이 나며 정식 국립대 교수로 대통령 발령을 받았다. 그러고 나니 외국 유학 생각이 들었다. 대학원 과정을 마치고 석사학위를 취득해야겠다는 욕심이 생긴 것이다.

전임강사에서 조교수로 발령이 나며 정식 국립대 교수로 대통령 발령을 받았다. 그러고 나니 외국 유학 생각이 들었다. 대학원 과정을 마치고 석사학위를 취득해야겠다는 욕심이 생긴 것이다. 요즘 시대야 박사가 즐비하여 교수 되기가 하늘에 별 따기라 하지만, 내가 한성여대 교수가 될 때만 해도 실력만 인정되면 학사도 교수가 될 수 있었다. 내가 부산대학교로 발령받을 수 있었던 이유는 이미 한성여대 교수로 3년의 경력을 쌓았고 부산대 강사 2년 경력도 있었기 때문이었다. 석사는 아니었지만 자격 조건을 갖춘 것으로 인정되어 전임강사 발령이 가능했다.

미국 대학으로 진학하는 방법을 알아보았더니 여러 가지로 내 조건이 미진했다. 특히 토플 시험 성적이 필요했는데, 영어 공부를 할 시간도 없거니와 아이들을 남편에게 맡기고 외국에 간다는 것은 무리라는 생각이 들었다. 다른 방법을 간구하는 중에 또다시 역사적 사건이 발생했다. 1980년도에 일어난 5·18 민주항쟁이다. 이 일로 학교가 문을 닫고 휴교에 들어갔다. 나는 그 시기 학교에 부탁하여 3개월 관용여권을 받았다.

당시 독일 쾰른 음대 교수가 부산에 초대되어 온 적이 있었다. 내 제자인 우혜원이 그 교수님 문하에 있었는데, 그 교수님을 소개받은 것이 계기가 되어 쾰른 음대 교수이신 루드비히 교수의 초청을 받았다. 그렇게 나는 1980년 6월 독일로 향했다. 서양음악의 본거지 독일에, 관광도 아닌 연수의 기회를 얻어 가게 된 것이다. 비행기를 22시간이나 타고 가야 하는 정말 먼 여행이었다. 그때는 한국 비행기가 러시아 쪽으로 다닐 수 없었다. 한국에서 알래스카 앙카라 공항을 거쳐 유럽으로 돌고 돌아, 독일 프랑크푸르트 공항에 도착했다.

나는 외국 여행길에서 늘 누군가의 도움을 받았다. 마침 제자의 아저씨 되시는 분이 프랑크푸르트에 사신다며 나를 마중 나와 있었다. 그분의 자가용으로 독일의 고속도로 아우토반을 달려 쾰른의 기숙사에 도착했다. 혜원이 머무르던 기숙사에 한국 학생들 서너 명이, 또 다른 기숙사에는 음악교육과에서 가르치던 학생 조현선이 머무르고 있었다. 마침 8개월 전 독일로 유학을 온 현선이는 내가 지낼 방을 본인의 기숙사에 마련해둔 상태였다. 기간을 3개월로 정하여 여름방학이 끝나면 한국으로 돌아가야 했던 만큼 부담 갖지 않고 공부할 예정이었다. 같은 기숙사에 머무르던 현선이 수시로 드나들며 돌보아 주었다.

쾰른 음대 교수인 루드비히 교수님과도 만나 피아노 연주를 들려 드렸다. 슈만의 카니발과 베토벤 소나타 8번도 연주했다. 좋아하시면서 칭찬하셨지만 나는 크게 동요하지 않고 계속 연습하겠노라 하고 나왔다. 이후 매일 학교 연습실에서 훈련을 했다. 연습실은 두 시간 연습하고 나면 다시 두 시간을 기다려야 사용할 수 있었기 때문에, 하루에 두 번을 사용하려면 여섯 시간은 기본으로 필요했다. 그러면 하루가 다 지나간다.

그렇게 열심히 시간을 보내다 보니 어쩐지 건강이 안 좋아지는 것을 느꼈다. 6월임에도 춥고 습한 독일 날씨가 나와 맞지 않았던 모양이다. 한국에서 외국까지 온 이유도 그간 무리한 까닭에 좀 쉬려고 온 것이었는데, 연습실에만 있자니 지겹기도 했다. 현선이와 상의 끝에 여행을 떠나기로 했다.

쾰른에서 기차를 타고 뮌헨을 거쳐 음악의 도시 잘츠부르크에 갔다. 잘츠부르크는 참 예쁜 도시였다. 강이 흐르고 옛 성이 있는, 깨끗하고 조용한 소도시였다. 모차르트 생가에도 가보고 마차가 다니는 길에서 말똥 냄새도 맡아보며 이곳저곳 돌아다녔다. 그땐 음악회에 가보지는 못했는데 이후 1985년 잘츠부르크 하계 아카데미

(좌) 쾰른 기숙사 앞에서
(우) 쾰른 우혜원 기숙사 앞에서

에서 수련 받을 때 접해볼 기회가 있었다.

이어 우리는 비엔나로 향했다. 그곳에서 음악가의 무덤도 둘러보고 서울음대를 1등으로 입학하고 재학 중 오스트리아 비엔나국립음대로 유학을 온 제자 유은경을 비롯해 다른 유학생들을 만났다. 비엔나시를 돌아보고 도나우 강가를 걷기도 했다. 차도, 안내인도 없이 짐을 들고 여행을 하려니 힘은 좀 들었지만 새로운 경험을 하며 호기심 속에 며칠을 보냈다.

칸칸이 나뉜 유럽의 기차를 타본 것 또한 새로운 경험이었다. 모르는 승객과 같은 칸에서 마주 앉아 가는 것이 불편하기도 하고

비엔나 시립공원의
슈베르트 동상 앞에서

재미있기도 했다. 한번은 기차 안에서 튀르키예 장교 내외를 만나기도 했다. 현선이와 둘만 있어 김밥을 먹고 있었는데, 군복을 입은 장교 내외가 우리 칸으로 들어왔다. 그들은 우리에게 한국 사람이냐고 묻더니 한국전쟁에 참전했다며 반가워했다. 전쟁 당시 한국에서 겪은 추억도 들을 수 있었다. 이처럼 외국 여행 중에 귀한 분을 만나 한국 얘기를 나눌 수 있었다는 것은 못 잊을 추억이다. 다시 기차를 타고 쾰른으로 돌아왔을 땐 여름 홍수로 라인강 물이 가득 넘칠 듯 흐르고 있었다.

독주회를 마친 후 나는 과외 금지 상황을 기회로 이용하기로 했다. 이 시간을 활용해 대학원 공부를 하기로 한 것이다. 독일에 다녀오고 보니, 외국이나 서울처럼 멀리 가지 않고 가까운 대구에서도 할 수 있겠다는 생각이 들었다.

만학의 꿈을 품고 대학원 진학

독일 쾰른에서 많은 경험을 하는 동안에도 이상하게 몸이 힘들었다. 귀국 일정을 당겨 집에서 편히 쉬고 싶다는 생각까지 들었다. 결국 독일에서의 생활을 정리하고 예정보다 일찍 귀국했다. 8월 말 귀국 예정이던 것을 7월 말 집에 왔으니 주위에 귀국을 알리지 않고 방학 한 달만큼은 혼자 쉬고 싶었다. 그런데 그해 7월 30일 국가에서 과외 금지 명령이 떨어졌다. 이유인 즉 입시 과외가 과열되어 학부형들의 부담이 커서 사회문제로까지 떠오른 것이었다. 이 금지령으로 피아노 개인 레슨도 중단되었다.

다른 사람들은 어떻게 생각했는지 모르겠지만 나에게는 더할 수 없이 기쁜 소식이었다. 레슨이 많아 독일로 도망치다시피 했을 만큼 휴식이 간절했다. 귀국 후 한 달을 먹고 자는 것만 반복하며 쉰 결과 몸의 피로도 좀 잡고 2학기 땐 학교에 무난히 다닐 수 있었다.

그 많던 레슨을 하지 않게 되니 마음의 여유가 생기고 피아노 연습도 할 시간이 생겼다. 베토벤 소나타 세 곡을 모아 그해 11월 11일 시민회관에서 독주회를 가졌다. 베토벤 소나타 8번과 21번은 전에도 했던 곡이지만 소나타 18번은 처음으로 연습한 곡이었다. 베토벤 소나타 중 가장 익살스러운 곡으로 재미있고 마음에 들어 시간 가는 줄 모르고 연습했다. 마침 평론가 김형주 선생님을 연주에 초대할 수 있었다. 서울에서 부산까지 오셔서 내 연주를 들으시고 「국제신문」에 평을 올려 주셨다. 글을 여기에 실어본다.

「국제신문」 1980년 11월 15일자 <음악評-羅光子 독주회를 듣고>

우리는 자칫 서구 고전파 음악 특히 베토벤 음악에 있어서 역사적 시대성에 충실하다 보면 형식미의 추구와 구성에 치우치게 되고 그러다 보면 흔히 차갑고 딱딱한 표상으로 흘러 어딘지 가까이하기 어려운 위압감을 받게 된다. 그러나 이번 연주회에서는 그러한 격식적인 굴레를 벗어나 보다 깊은 베토벤의 인간적인 훈훈한 체온을 느끼게 해주었다는 데 보다 큰 의의를 갖는다.

그렇다고 정감적인 취약성에 빠지지 않고 지극히 이지적인 그것도 동양적인 정서에 여과된 우리 체질에 맞는 공감력을 가지고 설득해주어 체질적인 베토벤의 피아노 음악에 새로운 미각의 적립이 엿보였다는 데 호감이 간다. 특히 그의 품위 있는 음악성도 그의 연주를 격조 있게 이끌어주지만 보다 학구적인 자세가 연주를 진지하게 유도한다.

그리고 일반적인 경우처럼 화려한 레퍼터리보다 베토벤의 소나타 「제8번」 「제18번」 「제21번」 등 베토벤의 작품만을 선택한 것으로도 그의 학구적인 열의를 알 수 있지만 온건하고 전통성에 입각한 해석이라든가 외형적인 꾸밈보다 견실하고 아담한 가운데 뉘앙스 짙은 정서를 다져 넣은 고도의 기능 등은 높이 평가되어야 할 점이다.

다만 내부의 사고를 주장하는 강렬한 체질이 아쉽고 표현의 진폭을 증대하는 문제가 앞으로 과제겠다. 그러나 야무진 연출력으로 곡상을 전개 베토벤의 피아노 음악이 반드시 위압적인 것만이 아닌 정취 어린 음악으로 이해시킨 점은 성공적이다.

특히 이날 가장 호연을 보인 「제21번 발트스타인」은 생동감 있는 연주로 신선한 맛을 주었는데 의지약동을 스피드하게 처리한 제1악장 차분하게 속도를 눌러 대조를 보인 제2악장 제3악장으로 자연스럽게 도입하는 과정 등 능숙한 처리를 해주었다. 그리고 「제8번 비창」은 서두에서 약간 굳어진 느낌을 주었으나 점차 안정된 연주로 산뜻하고 경묘한 음악으로 꾸며주었다. 「제18번」은 유화한 가운데도 발랄한 격조가 좋았는데 특히 섬세한 재치로 처리한 스케르조 악장이 가장 인상적이었다.

- 김형주(한국 음악평론가협의회 회장)

독주회를 마친 후 나는 과외 금지 상황을 기회로 이용하기로 했다. 이 시간을 활용해 대학원 공부를 하기로 한 것이다. 독일에 다녀오고 보니, 외국이나 서울처럼 멀리 가지 않고 가까운 대구에서도 할 수 있겠다는 생각이 들었다. 그 즈음엔 그렇게 대학원 수업을 받아 석·박사 과정을 밟는 교수들이 꽤 많았다. 무엇보다 가정을 지켜야 한다는 생각이 제일 컸기 때문에 그것이 최선이라고 생각한 것이다.

학교는 대구 효성여자대학교(현 대구가톨릭대학교) 음악대학 대학원으로 정하고 국립교향악단 협연 때 함께한 선배 홍춘선 교수를 찾아갔다. 효성여대 피아노과에는 연만하신 이경희 교수님이 계셨기 때문에 계명대학보다는 이 학교를 택한 것이다. 이경희 교수님은 내가 부산에 오기 전부터 부산 원정 레슨을 다니실 정도로 인정받는 교수님이셨다. 당시 부산에는 음악대학이 없었다. 지금도 음악대학은 없이 음악과만 있는데 대구에는 이미 계명대학교와 효성여자대학교에 음악대학이 있었던 것이다. 그런 탓인지 초창기 부산대학 음악학과엔 대구 출신 교수님들이 꽤 많았다.

입학시험을 치르고 1981년 효성여대 대학원에 입학했다. 일주일에 한 번 가서 세 시간씩 두 번의 강의와 실기 레슨까지 마치고 당일 집에 돌아오는 일정이었다. 때문에 가정 일에도 학교 수업에도 크게 지장을 받지 않았다.

나는 참 선생님 복이 많은 사람이라 대학원 시절에서도 좋은 교수님을 많이 만났다. 독일 유학을 마치시고 바로 귀국하여 효성여대에서 강의하고 계시던 이건용 교수님도 그중 한 분이다. 이 교수님께서는 이후 서울대 교수로 가셨다가 한국 종합예술대학 총장까지 지내셨다. 이 교수님의 강의는 정말 알차고 수준 높았다. 예습과 복습을 하지 않고는 수업 진행을 따라갈 수 없었다. 매주 시험을 보다 보니 일주일에 하루 이틀은 거의 밤샘을 해야만 하는 강행군이었다. 그래서 때로 힘들기도 했지만 많은 걸 배울 수 있었다.

대학원 독주회 프로그램

효성여자대학교 대학원 석사과정 - 나광자 피아노 독주회

1982년 10월 18일 | 효성여자대학교 음악감상실

PROGRAM

L. V. Beethoven : Sonata op.81a. E^b major
　　　　　　　　Adagio-Allegro
　　　　　　　　Andante espressivo
　　　　　　　　Vivacissimamente

G. Faure : Theme and Variations
　　　　　op. 73

S. Prokofieff : Sonata No. 3. op.28.

E. Grieg : Sonata e minor. op.7.
　　　　　Allegro moderato
　　　　　Andante molto
　　　　　Alla Menuetto ma poco piu lento
　　　　　Molto Allegro

또 다른 분으로 음악미학을 가르친 유명한 철학박사 김진균 박사님이 계신다. 교수님께서는 강의 거의 절반을 말씀과 이론을 병행하여 머릿속에 쏙쏙 들어가게 가르치셨다. 이론 숙제는 원고지 몇 페이지를 써서 내라고까지 하였다. 심지어 시험도 원고지를 나누어 주시고 그 원고지 양에 맞게 써서 내야 했다. 모자라도, 넘쳐도 안 되는 그야말로 겁나는 시험이었다. 교수님께서는 대학원 졸업생은 다른 사람의 지도자가 되어야 한다고 매시간 강조하시며 학생들을 긴장하게 하셨다.

이경희 교수님의 피아노 실기 강의는 비교적 쉬웠다. 실기 곡도 내가 정해서 연습할 수 있었고 이경희 교수님께선 항상 만족해하셨다. 하지만 매 학기 실기 시험을 보는 건 보통 부담이 아니었다.

그렇게 대학원 과정을 좋은 성적으로 잘 마치게 되었고 83년 2월 졸업장을 받아 드디어 석사학위 소유자가 되었다. 신기한 것은 내가 석사학위를 받은 다음해인 1984년, 부산대 음악학과에 대학원 과정이 개설된 것이다. 항상 예비하시는 하나님께 감사한 마음이다.

"아브라함이 그 땅 이름을 여호와 이레라 하였으므로 오늘날까지 사람들이 이르기를 여호와의 산에서 준비되리라 하더라."

- 창세기 22장 14절

미국 노스웨스턴 음대 연수

미국 연수지는 시카고의 노스웨스턴대학교(Northwestern Uni)로 정했다. 권혜령 교수가 그 대학에 계신 아이작 교수님의 명함을 전해주어 학교로 찾아갔던 것이다. 아이작 교수님은 교수실에서 나를 반가이 맞아 주시며 지도해주시겠다고 허락하셨다.

    대학원 논문까지 마친 82년 동짓날이었다. 앞집 시댁에 가서 팥죽을 맛있게 먹고 집으로 돌아와 잠들었는데, 밤 12시경 갑자기 배가 몹시 아프기 시작했다. 병원 응급실을 찾아서는 토사 광란이나 위아래로 토하고 설사를 하는 등 난리를 겪었다.

    다음 날 아침, 영상을 찍고 퇴원을 하라는 의사 선생님 말씀에 촬영을 했고, 사흘 만에 결과가 나왔다. 쓸개에 돌이 있다는 것, 담석증이었다. 그간 소화가 안 되고 때때로 속이 막히는 이상한 징조가 바로 담석증 때문이었다. 당장 약물로 치료를 시작했지만 주위에서는 아무래도 수술을 하는 게 낫다고 권했다. 장기려 박사님의 제자라는 담석수술의 권위자 박영훈 박사를 소개받아 복음병원에서 수술을 했다. 그 시절엔 담석증 수술도 개복수술에다 수혈도 해야 하는 대수술이었다. 수술 후 10일간 입원했고 회복도 힘들었다.

그렇게 수술을 받고 회복이 채 되기도 전 음악교육학과 과장을 맡게 되었다. 항상 바쁘게 사는 것이 내 팔자려니 하고 열심히 학과장 몫을 감당하였다. 당시는 예술대학 음악학과와 사범대학 음악교육학과가 함께 있던 때였다. 그러다 보니 두 과가 같이 사용할 시설물 문제로 총장님께 불려 가는 일이 자주 생겼다. 총장님과 음악교육학과 교수들 간 협의가 계속되었고 결국 음악교육학과를 폐과하고 예술대학교 음악학과와 통폐합하는 방향으로 결정이 났다.

나는 이때를 이용해 학과장을 다음 차례 교수님께 넘기고 미국 연수 계획을 잡았다. 이때도 도움을 주신 분이 계셨다. 내 제자인 정성흡의 외삼촌께서 시카고에 음악 목사로 계셨는데, 그분의 도움을 받기로 한 것이다. 그렇게 1년 동안의 안식년 계획을 세우고 1985년 1월 시카고로 떠나기로 했다.

한편, 안식년을 앞둔 1984년에는 여러모로 많이 바빴다. 우선 학과장 일로 바빴다. 이에 더해 그해부터 음악교육학과 신입생을 뽑지 않게 되어 예술대학생으로 졸업생을 충원하게 되면서, 음악학과 학생들의 실기 시간을 겸하여 맡게 되었다. 거기다 대학원 수업까지 맡으면서 학교생활은 한층 바빠졌다. 국가 정책으로 개인 지도를 못 하게 되어 그나마 건강에는 다행이었다.

그해에는 또한 음악회도 많았다. 학교에 해마다 연구 실적을 내야 했기 때문에 개인 연주를 꾸준히 해야 했던 것이다. 하나씩 나열해 보자면 다음과 같다. 먼저 4월 18일 오스트리아 잘츠부르크 심포니에타와 모차르트 협주곡 K414(동서문화회 주최)를 연주했고, 5월 25일 시민회관 대강당에서 대학원 졸업 독주회 프로그램을 기초로 한 독주회를 했다. 이어서 6월 1일에는 시민회관에서 열린 제1회 한국 가곡의 밤에 참가했다. 부산에서 활동하고 있는 소프라노들이 모여 화려한 무대를 꾸몄는데, 나는 한복을 입고 반주를 맡았다.

그런데 그 즈음 시아버님께서 담도암 수술에 실패하고 병원에 입원해 계셨다. 집을 떠나 멀리 공부하러 가는 것이 민망하고 송구

(좌) 제1회 한국 가곡의 밤 (우) 1984년 5월 독주회 팸플릿

 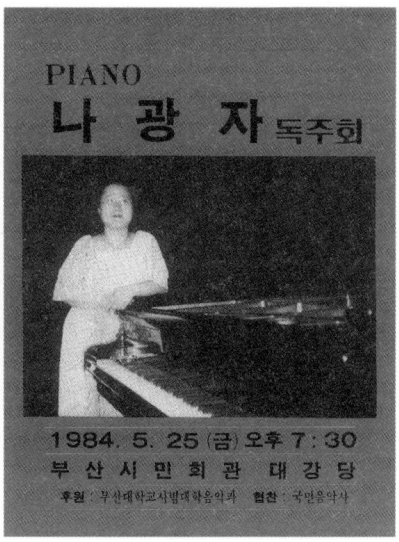

스러웠다. 감사하게도 아버님께서 공부하러 가는 길이니 염려 말고 다녀오라고 하셔서 모든 걸 남편에게 맡기고 미국으로 떠날 수 있었다. 아버님은 안타깝게도 그해 5월 말 돌아가셨다. 미국에 머물던 나는 급히 귀국하였다가 장례 후 다시 미국으로 돌아가 연수 일정을 마무리했다. 그때도 관용 여권으로 다녔기 때문에 입출국이 간단하지는 않았다.

미국 연수지는 시카고의 노스웨스턴대학교(Northwestern Uni)로 정했다. 권혜령 교수가 그 대학에 계신 아이작 교수님의 명함을 전해주어 학교로 찾아갔던 것이다. 아이작 교수님은 교수실에서 나를 반가이 맞아 주시며 지도해주시겠다고 허락하셨다. 그 길로 짐을 챙겨 학교 기숙사에서 지내게 되었다.

노스웨스턴대학은 시카고 북쪽 미시간 호수 옆에 있는 대학교로, 미국 전역에서도 손에 꼽히는 유명한 대학이다. 학교가 자리한 대학가 에반스턴은 정말 마음에 들었다. 음악관도 제법 크고 옛날 목조건물이라 친근감도 있었다. 학교에서는 작은 홀, 큰 홀, 실내악홀 등에서 음악회가 매일같이 활발하게 열렸다. 교정의 환경이 좋고 학생들만 사는 마을이어서 안전하고 생활하기도 편하고 연습실에서 얼마든지 연습할 수 있는 환경이었다.

나는 연수에 앞서 83년과 84년 여름, 2년 연속 한미 음악인들의 친선 모임인 '델타 오미크론(Delta Omicron)'에 다녀오며 미국

아이작 교수님
댁에서
사모님, 교수님과

을 방문한 적이 있었다. 대학 은사이신 강운경 교수님께서 델타 오미크론의 회원이셨는데, 교수님의 권유로 부산에 있는 서울음대 동창 몇몇이 가입하게 된 것이었다. 먼저 83년 강운경 교수님과 함께 켄트대학교(Kent Uni) 모임에 같이 참석했다. 84년에는 제자 조현

델타 오미크론 행사

선, 최수윤 등과 함께 토머스 제퍼슨대학교에 가서 현선이가 독주도 하고 부산도 알리고 돌아왔다. 이런 경험으로 시카고에서의 생활은 그리 낯설지 않았다.

    연수 기간 동안 영어 연수도 하고 피아노 연습도 하며 매일 열심히 공부했다. 한국 유학생도 몇몇이 있어서 어린 학생들과 친구가 되기도 했다. 이 친구들은 짧은 내 영어 실력에 많은 도움이 되었다. 시카고의 한국 교회에도 나갔다. 교회 김은용 목사님께서 많은 편리를 봐주셨고, 일요일이면 교회 성도들과 교제할 수 있어서 좋았다.

미국 여행과 모차르테움 여름 연수

모차르테움 음악학교는 정말 멋있었다. 퀼른에 있을 때 여행을 하며 잠깐 지나간 적은 있지만, 그때 본 것은 구 건물이었고 새로 지은 건물은 모든 시설이 완벽했다. 세계에서 몰려든 음악인들의 활기찬 모습에 나도 흥이 절로 났다.

시간이 지나 여름방학을 맞았다. 방학 땐 기숙사를 사용할 수 없어 방학 기간인 3개월간 있을 곳을 마련해야 했다. 방학을 이용해 여행을 가기로 했다. 미국 동부 여행 계획을 세우고 우선 뉴욕으로 떠났다. 혼자 외국 여행을 하자니 긴장되고 겁도 났지만 용감하게 마음 먹고 도전해볼 수밖에 없었다. 다행히 여행지마다 지인들이 나를 도왔다.

뉴욕 근처 뉴저지에는 중학교 동창인 이화여대 성악과 출신 유숙희가 살고 있었다. 크나큰 정원(사슴이 노는)이 딸린 숙희의 서양식 집에 머물면서 많은 추억을 쌓았다. 교통량이 많아 힘든 링컨터널도 지나보고 뉴욕시에 들어가 링컨센터를 보기도 했다. 줄리아드에서 공부 중이던 제자 한달옥을 만나 그 대학에서 바이올린을 가르치는 교수님을 소개받기도 했다. 교수님의 초대로 교수님 댁에서 열린 음악회에 참가하는 기회도 얻었다.

뉴욕 다음으로 찾은 곳은 보스턴 뉴잉글랜드 음악학교였다. 보스턴에는 서울음대를 졸업하고 미국 유학을 갔다가 하버드 출신과 결혼한 제자 송인복이 살고 있었다. 인복이는 이화콩쿠르에서 1등을 차지한 영재였다. 지금도 계속되고 있는 이화콩쿠르는 이화여고가 주최하고 경향신문이 주관하는 콩쿠르로, 초등학생을 대상으로 하는 대회 중 제일 권위 있는 대회로 꼽힌다.

송인복이 이화콩쿠르에 도전한 것은 남성초등학교 5학년 때의 일이다. 지금도 그렇지만 당시(1970년도) 부산 학생이 서울 콩쿠르에 도전한다는 것은 보통 일이 아니었다. 내가 부산에 내려온 이후에도 늘 정진우 교수님과 소통하며 서울 학생들의 음악 환경을 잘 알고 있었기 때문에 도전 자체가 가능했다. 그렇게 참가한 대회에서 부산 학생이 1등을 하고 그다음 해에 유명한 피아니스트 서혜경이 1등을 했다. 또 그다음 해에도 내가 가르치는 학생인 우혜원(남성초등 6학년)이 1등을 했다. 나를 비롯해 참가 학생, 학부모님의 열정과 희생으로 얻은 결과였다.

이처럼 나는 부산에서 재능있는 학생을 가르치며 서울에서 열리는 콩쿠르에 계속 도전했다. 5·16콩쿠르(지금은 없어졌지만 현재 예술종합대학교 총장 김대진 교수가 중3 때 1등한 콩쿠르)도 그중 하나이고, 이화여고나 경기여고에서 주최하는 중학생을 위한 콩쿠르에도 입상시켰다. 대회 입상자들은 바로 이화여고(이승희·이은경)나 경기여고(양순옥)로 입학하기도 했다. 그 당시에는 고교평준화가 되기 전이어서 예능계 학생들을 특기생으로 뽑는 제도가 잠시 있었다.

다음 목적지는 로체스터였다. 로체스터에는 제자 박숙련이 유명한 음악대학 이스트만에서 박사 과정을 공부하고 있었다. 현재 그는 귀국 후 순천대학교 교수로 재직 중이다. 로체스터는 코닥(codak)필름으로 유명한 도시로 미국 동북쪽에 위치하고 있다. 이곳에서 숙련이의 지도 교수인 데이비드 버지(David Burge) 교수를 만났다.

버지 교수는 노스웨스턴 음악대학 출신으로 현대음악에 능한 분이었다. 20세기 피아노 음악을 저술하신 교수로 유명한데, 후에 숙련이 그의 저서 『20세기 피아노 음악』을 한국어로 번역하기도 하였다. 한편, 교수님의 어머님께서 시카고 에반스턴에 여전히 살고 계셨다. 92세 노인이 혼자 큰 서양 양옥집을 지키고 계셨는데, 당시 나도 한국 유학생과 함께 그 집을 방문하여 차대접을 받았다. 버지 교수는 6·25 사변 때 한국에 파견된 군인이었다며 서울에서의 추억을 들려 주셨다.

로체스터에는 일주일 정도 머물며 시간을 보냈다. 가까이 있는 나이아가라 폭포를 방문하기도 하고, 이스트만의 학교 도서관도 방문하고, 박사 과정 학생들의 연주도 감상하는 등 바쁜 나날이었다.

로체스터
나이아가라에서
박숙련과

다시 시카고로 돌아왔을 때 시아버님이 위독하시다는 연락을 받았다. 서둘러 귀국 준비를 했으나 며칠 후 돌아가셨다는 소식을 듣게 되었다. 급히 귀국길에 올라 부산 집으로 돌아왔을 때는 5월 말이었다. 장례를 마치고 보니 6개월 만에 집으로 온 것이라 할일이 많았다. 식구들과의 만남도 잠시뿐 짐 정리를 하고 다시 떠날 준비를 해야 했다. 오스트리아 잘츠부르크에서 열리는 모차르테움 음악학교 하계연수에 등록을 해 놓은 상태였기 때문이다. 시카고에서 출발하는 비행기표를 끊어놓은 터라 시카고로 돌아가야 했다.

시카고에서 대서양을 건너 유럽으로 여행 겸 연수를 떠났다. 모차르트 고향인 잘츠부르크에서는 매년 여름 음악학교가 열리며,

각국의 음악인들이 모여들어 음악회를 감상하는 세계적인 음악 축제도 펼쳐진다. 지금도 매 여름 떠들썩한 음악도시로 변모하는데, 음악회 티켓은 거의 1년 전에 예약해야만 관람할 수 있다.

그곳에서는 제자 배장은이 모든 수속을 해두고 있었다. 장은이는 초등학교 때 진해에 살면서 부산 우리 집까지 찾아와 겨울방학을 지내며 독주회까지 했던 학생이다. 어머님 열성이 대단하셨다. 장은이는 독일에서 결혼한 후 외국 학교의 강사를 하면서 잘츠부르크에 살고 있었다.

모차르테움 음악학교는 정말 멋있었다. 쾰른에 있을 때 여행을 하며 잠깐 지나간 적은 있지만, 그때 본 것은 구 건물이었고 새로 지은 건물은 모든 시설이 완벽했다. 세계에서 몰려든 음악인들의 활기찬 모습에 나도 흥이 절로 났다.

장은이가 숙소로 마련해준 건물은 시내에서 제법 떨어진 곳에 있었다. 옛날 공작이 살던 집이라는데 그래서인지 마치 성 같은 건물이었다. 나는 1층의 작은 방에 머물렀다. 날씨가 습해서 여름인데도 전기 방석을 구입해 깔고 자야 했다. 모기는 그곳 유럽에도 기승을 부려 모기향도 피워야 했다. 2층 방은 독일 유학생이 피아노 연습실로 쓰고 있었는데 그 학생 피아노를 빌려 연습했다.

나는 2주간의 수련 과정이 두 번 열리는 하계 음악학교에 참가했다. 내가 지망한 교수님은 모차르테움의 피터 랑(Peter Lang) 교수였다. 몹시도 예리해 신경질적으로 보이기도 하는 교수였다. 천재적인 면이 있었지만 내가 볼 때 교수직에 맞는 성격은 아니었던 듯하다. 하루 종일 학생들을 가르치시면서 점심도 안 먹고 커피 한 잔에 하루를 다 보내시는 것 같았다. 마스터 클래스를 계속하셔서 그런지 몹시 힘이 들어 보였다. 천재 피아니스트가 재주 없는 학생을 가르친다는 것은 원래 힘든 법이다.

아무튼 나는 아침 일찍 일어나 숙소에서 주는 커피와 딱딱한 빵으로 아침 식사를 하고 피아노 방에 가서 연습을 두 시간쯤 한 후 학교에 갔다. 마스터 클래스도 참석하고 다른 교수님의 수업을 청강하기도 하며 바빠 잘 지냈다.

그렇게 2주를 열심히 공부한 후 남편과 뮌헨에서 만나 로마여행을 떠났다. 시아버님이 돌아가신 후라 남편도 휴식 겸 유럽을 찾은 터였다. 여행에는 장은이의 어머니와 동생도 함께였다. 우리는 로마부터 나폴리, 폼페이, 베네치아 등 이태리 관광을 함께했다. 연수의 바쁜 스케줄 중에도 여행을 다니며 방학을 알차게 보냈다.

귀한 경험이 된 해외 연수

내게 외국 유학의 기회는 없었지만 마흔 다섯에 보낸 1년의 안식년은 유학만큼 보람 있고 활기 있는, 알찬 시간이었다. 가는 곳마다 나를 도와준 제자들과도 좋은 시간을 보내었다.

　　이후 남편은 한국으로 귀국하고 나는 다시 시카고로 돌아갔다. 이번엔 기숙사를 벗어나 개인 집에 방을 얻어 들어갔다. 기숙사에 있을 땐 밥 걱정 없이 카페테리아에서 먹고 지냈다. 하지만 밥 먹는 시간을 맞추어 다니는 것도 힘들고 학교 수업 시간, 연습 시간도 맞추기 힘들어서 자유롭고 싶어 개인 방을 구한 것이었다.

　　그리고 보니 새로운 걱정들이 생겼다. 우선 매일 먹는 것이 걱정이었다. 한국에서는 집안 살림 걱정은 거의 하지 않았으니 이 또한 불편한 점이 많았다. 그러니 이 세상엔 완전한 건 없는 것 같다. 장단점은 항상 공존한다. 아무튼 피아노 레슨도 받으려니 연습은 매일 해야 했고 좋은 음악회도 많아 쫓아다녀야 했다. 한번은 정전이 되어 밤새도록 추위에 고생하기도 했다. 미국도 사람 사는 곳이라 사건사고는 언제든 일어날 수 있었던 것이다.

　이렇게 두 달이 지나 10월경 남편이 시카고로 왔다. 매해 미국 워싱턴에서 열리는 한미육군친선회(AUSA)에 참석하기 위해서였다. 남편은 육사 출신의 형부와 함께 가끔 이 행사에 참석하고 있었다. 그해엔 형부와 언니가 다른 행사가 있어 이번에는 나를 데리고 행사에 참석하려 시카고로 온 것이었다. 언니와 형부 대신 나와 남편, 그리고 또 다른 한국 멤버가 함께 참석할 예정이었다.

　워싱턴으로 간 우리는 국회의사당이며 여러 곳을 관광하고 AUSA 행사에 참석했다. 그곳에서 나는 생전 못 본 군인 행사를 체험한 것은 물론, 저녁 리셉션 때 피아노 연주를 할 영광스러운 기회를 얻었다. 이어지는 명곡 연주를 들으며 참석한 회원들이며 장군들이 정말 좋아했다. 당시 미군의 4성 장군님과 찍은 스냅 사진이 있어 여기 실어 본다. 정말 잊지 못할 영광스러운 자리였다.

　행사 후 남편은 한국으로 떠나고 나는 다시 시카고로 돌아왔다. 1년간의 안식년 중에 그래도 남편과 세 번의 만날 기회를 가졌던 것도 참 다행스럽고 감사한 일이었다. 다시 시카고에 돌아와서부터는 안식년 마무리를 위해 열심히 준비해야 했다. 대학 연구 실적 제출을 위해 독주회를 준비하고 간단한 참고서적도 준비해야 했다. 도서관에 가서 책을 찾아 여러 권을 복사하고 수집했다. 그리고 12월 8일, 노스웨스턴 음대 리사이틀 홀에서 독주회를 가졌다. 아

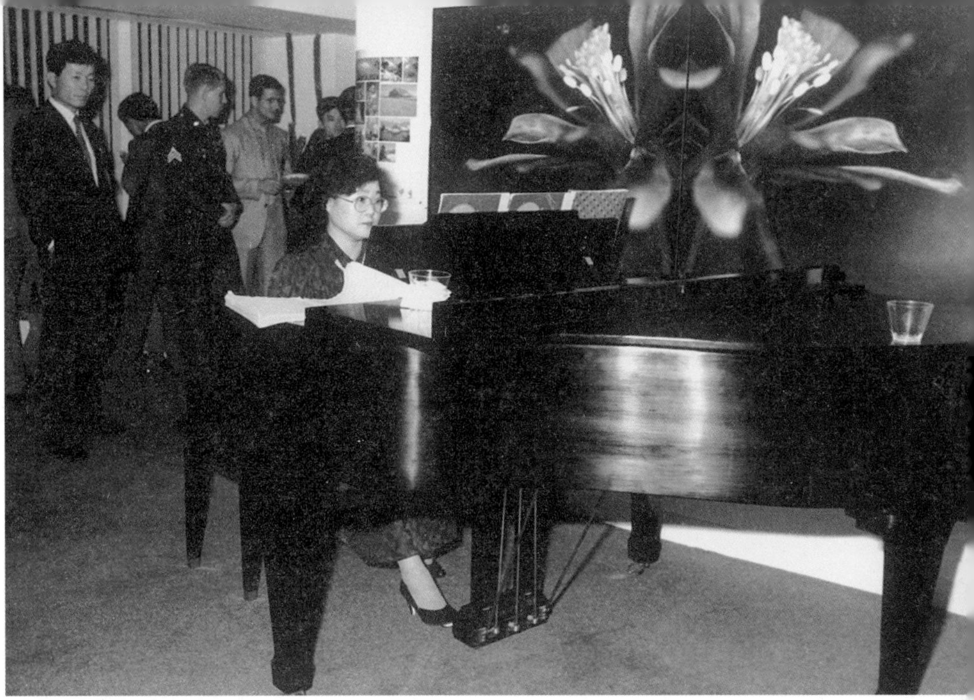

워싱턴 AUSA

노스웨스턴 음대
독주회 팸플릿과
프로그램

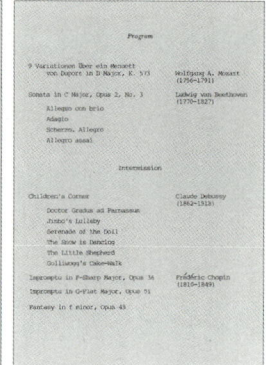

NORTHWESTERN UNIVERSITY SCHOOL OF MUSIC - Student Recital

1985년 12월 8일 ㅣ LUTKIN HALL

PROGRAM

9 Variationen über ein Menuett ················ Wolfgang A. Mozart(1756-1791)
  von Duport in D Major, K. 573

Sonata in C Major, Opus 2, No. 3 ················ Ludwig van Beethoven(1770-1827)
  Allegro con brio
  Adagio
  Scherzo. Allegro
  Allegro assai

INTERMISSION

Children's Corner ························· Claude Debussy(1862~1918)
  Doctor Gradus ad Parnassum
  Jimbo's Lullaby
  Serenade of the Doll
  The Snow is Dancing
  The Little shepherd
  Golliwogg's Cake-Walk

Impromptu in F-Sharp Major, Opus 36 ········· Frederic Chopin(1810~1849)
Impromptu in G-Flat Major, Opus 51
Fantasy in f minor, Opus 49

이작 교수님 내외를 비롯해 교회 식구 등 제법 청중도 많았다. 그때의 프로그램을 소개한다.

연수를 마치고 시카고를 떠나 한국으로 돌아오며 하와이에 들렀다. 하와이엔 시동생 다섯 식구가 살고 있었다. 이번엔 좀 더 오래 머물며 하와이의 한국 동포도 만났다. 시동생이 연결해 주어 한국 교회에서 독주회도 가졌다.

이렇게 1년간의 안식년이 마무리되었다. 내게 외국 유학의 기회는 없었지만 마흔 다섯에 보낸 1년의 안식년은 유학만큼 보람 있고 활기 있는, 알찬 시간이었다. 가는 곳마다 나를 도와준 제자들과도 좋은 시간을 보내었다. 스승은 제자를 가르치지만 그들에게서 배우는 것도 많다는 말이 있다. 외국 유학 경험 없이 평생 가르치면서 스스로 연구하고 연마했을 뿐인데, 연수를 통해 제자들과 만나며 그들에게서 참 많은 것들을 배웠다. 아쉬운 점은 외국에서 음식 조절을 잘 하지 못한 결과 당뇨병이라는 고질병을 얻었다는 것이다. 이 역시 좋은 경험들의 대가라 생각한다.

4장

대학교수 생활 Ⅱ

2007년, 간절히 기다리던 소식이 전해졌다.
음악관 기공식을 한다는 연락이었다.
영광스럽게도 기공식에 참석하여 총장님과 함께 삽으로
흙을 떴다. 예술대학 음악관 건립이라는
간절한 소원이 하나님 은혜로 이루어진 순간이었다.
한없이 기쁘고 감사한 마음뿐이었다.
역사는 결국 이루어진다.

귀국 후의 바쁜 나날

내가 가르치는 학생은 1학년을 제외하고는 무조건 Class 연주에 참여하도록 하였다. 나도 힘들지만 학생들도 힘들었을 것이다. 그래도 Class 연주는 학생들이 대학 생활 중 무대 의상을 입고 연주를 해보는 실습으로서 의미가 있었다.

    1년의 미국 연수를 마치고 돌아오니 한국생활을 회복하는 데 3년이라는 긴 공백이 생긴 느낌이었다(출국 준비 1년, 외국에서 1년, 귀국해서 다시 회복기 1년). 귀국하여 제일 먼저 할 일은 겨울방학을 이용해서 운전면허를 따는 것이었다. 미국에서 차 없이 지내보니 여간 불편한 게 아니었다. 유학생들의 도움 없이는 이동조차 힘들었던 그 경험을 통해 운전부터 배워야겠다고 다짐했다. 추운 겨울에 고생을 한 결과 1986년 4월 운전면허증을 받았다.

    학교에서는 예술대학 학생들을 가르치기 시작하면서 문하생들의 Class 연주를 시작하였다. Class 연주는 아마 부산에서는 내가 처음 시작한 것 같다. 서울대학 시절 정진우 교수님께서 문하생들을 모아 Class 발표를 시켰던 기억이 영향을 준 것 같다. 대학 3학년 시절 드뷔시 탄생 100주년을 기념한 연주회를 교내 연주홀에서 연 적이 있다. 당시 선후배와 함께 연주했던 기억이 좋은 추억으로 남은 까닭인 듯하다.

그렇게 매년 내가 가르치는 학생은 1학년을 제외하고는 무조건 Class 연주에 참여하도록 하였다. 나도 힘들지만 학생들도 힘들었을 것이다. 그래도 Class 연주는 학생들이 대학 생활 중 무대 의상을 입고 연주를 해보는 실습으로서 의미가 있었다. 시험이나 학점을 위한 교내 연주와는 또 다른 경험이었다. 부모님을 모시고 외부 사람들을 초대하여 교내가 아닌 공개된 연주장에서 경험하는 연주, 그 자체로 학생들에게 큰 보람이고 기회였던 것이다. 공연 장소는 산업대학 콘서트홀, 문화회관 중극장 등이었고 모차르트의 밤, 쇼팽의 밤, 브람스의 밤, 멘델스존의 밤, 라벨의 밤, 아메리카 음악의 밤 등의 타이틀로 약 10년간 계속하였던 것 같다.

개인적으로는 꾸준히 연주회를 가졌다. 1988년 4월 15일 부산시립교향악단 제212회 정기 연주회에서 베토벤 콘첼토 4번을 협연하게 되었다. 김민 교수(서울음대)의 초대로 독일에서 온 지휘자 로버트 케닉(Robert_König)과의 협연에 부산 공연 협연자로 나를 추천해 준 것이었다. 김민 교수는 나와 서울음대에서 함께 공부한 사이로, 이후 서울음대 학장까지 지냈다. 이렇게 하여 나는 부산시향과 두 번의 협연 기회를 가졌다.

1988년 부산시향 협연(로버트 케닉 지휘) 팸플릿과 관련 기사

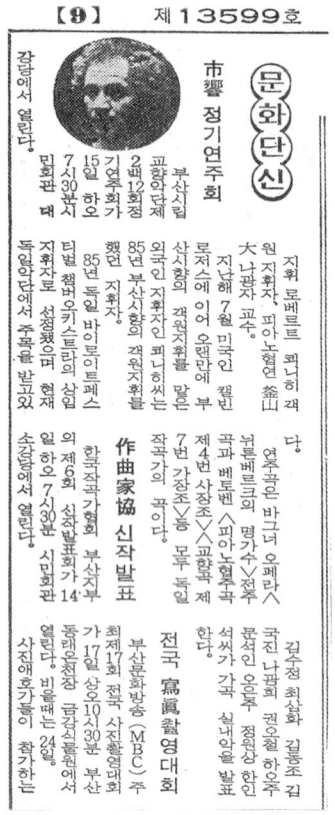

한편, 1988년에는 서울 올림픽을 기념하여 대연동에 부산문화회관이 건립되었다. 모스코바 오케스트라를 초대한 개관 연주회도 화려하게 열렸다. 문화회관 건립으로 부산시민회관에 있던 시립 문화 단체는 거의 모두 문화회관으로 옮겼다. 부산 시내에서 멀다는

약점이 있었지만 예술인들에겐 큰 활력소가 되었다. 학교와 멀긴 했지만 대연동에 살던 나로서는 문화회관 음악회장에 가기가 쉬웠다. 거의 매일 저녁 시민회관, 문화회관, 산업대학 콘서트장을 누비며 쫓아 다녔었던 기억이 새롭다. 학생들의 Class 연주회도 이곳에서 자주 열었다. 그러다 다른 음악회 수요가 많아지면서 문화회관에서는 더는 대학생 연주를 받아주지 않게 되었다.

1989년 4월 24일 나도 새로 개관된 문화회관 대강당에서 독주회를 열었다. 쇼팽 곡만 모아서 '쇼팽의 밤'이라고 독주회 타이틀을 붙였다. 사실 쇼팽 곡은 내가 정말 자신 없어 하는 곡이다. 손가락이 짧아서 곡과 잘 맞지 않아서인지 몰라도 유연성이 떨어지고, 그래서 쇼팽 곡에 흐르는 아름다움을 표현하기 어렵다.

곡 자체가 쉽지 않은 것도 사실이다. 쇼팽의 전주곡(프렐류드) 전곡을 정진우 교수님 제자 23명이 세종문화회관에서 한 곡씩 연주할 때의 일이다. 모두 쟁쟁한 피아니스트들이 무대에 올랐음에도 실수 없이 연주한 사람이 거의 없었다며 함께 웃었다. 내 공연에서는 전주곡을 제외하고는 연주해 봤던 곡을 모아 도전하기로 했다. 새로 연습한 전주곡 여섯 곡은 연주하기가 정말 힘들었다.

부산 공연을 마친 후 서울에서 같은 프로그램으로 독주회를 열었다. 서울 식구들을 모시고 한 공연이었는데, 우리 식구 이외에도 많은 분들이 독주회가 열린 예음홀을 찾아 주셨다. 정진우 교수님

1989년 독주회 (쇼팽의 밤) 프로그램

쇼팽의 밤 나광자 피아노 독주회

1989년 4월 24일 ǀ 부산문화회관 콘서트홀

PROGRAM

F. Chopin
  Impromptus op. 29, A^b major
         op. 36, $F^\#$ major
         op. 51, G^b major
         op. 66, $C^\#$ minor

F. Chopin
  Fantasie   F minor op. 49

INTERMISSION

F. Chopin
  24 preludes op. 28 中 No. 13~No. 18

F. Chopin
  Scherzo op. 20 B minor

께서는 유명한 평론가 이상만 선생님과 같이 오셨고 형부는 미8군 장군 내외를 모시고 오셨다. 당시 이상만 평론가께서 피아노 잡지에 평을 해주셨다. 안타깝게도 자료를 잃어버려서 여기에 실을 수는 없을 것 같다. 다만 기억에 남은 내용이 있다. 음악을 상당히 논리적으로 전개해 나가는 소질이 있다고 써 주신 부분이다. 실제로 나는 연주할 때마다 듣는 사람이 알아들을 수 있는, 이야기가 있는 음악

을 연주하기를 원하는데, 마치 내 마음을 읽으신 것 같아 흐뭇했다.

그 공연은 무엇보다 노령의 친정 어머님을 모시고 연 독주회라는 것이 큰 보람이었다. 당시는 마침 작은오빠가 한미연합 부사령관으로 있을 때였다. 그래서 공연 후 한남동 큰 관저에 어머니를 비롯한 친정 식구가 모두 모여 리셉션을 또 한 번 했다. 정말 못 잊을 추억이다.

서울 독주회 후 특별 리셉션

독주회 후 어머님과 형제들을 모시고 리셉션을 열었는데 여섯째 내외는 당시 외국 근무로 함께하지 못했다.

여섯째 내외

가은아트홀 개관

아버님이 못 이루신 꿈을 조금이나마 이어가고 싶은 마음에 상속받은 돈을 교육과 관련된 일에 쓰기로 했다. 우리 부부는 남천동에 지상 4층, 지하 1층의 건물을 샀다. 남편이 내 이름으로 사 주었다. 그 건물 전체를 음악 시설로 바꾸기로 했다.

시아버님께서는 돌아가시기 전 운영하시던 신용금고 일이 버겁고 보람이 없다시며 육영사업을 생각하고 계셨다. 여자고등학교를 설립하시겠다는 계획을 세우고 구체적으로 일을 추진 중이셨다. 학교 부지도 정하시고 교명과 학교 도면까지도 정해 놓은 상태였는데 갑자기 암 진단을 받으셨다. 결국 더는 추진을 못하시고 돌아가셨는데 자녀들이 감당하기 힘들어 포기할 수밖에 없었다.

이것이 내 평생에 가장 후회되는 일이다. 내가 생각이 짧고 사회를 몰라서 대학교수라는 직업에 매여 더 넓은 세상을 볼 수 없었던 까닭이었다. 아버님이 못 이루신 꿈을 조금이나마 이어가고 싶은 마음에 상속받은 돈을 교육과 관련된 일에 쓰기로 했다. 우리 부부는 남천동에 지상 4층, 지하 1층의 건물을 샀다. 남편이 내 이름

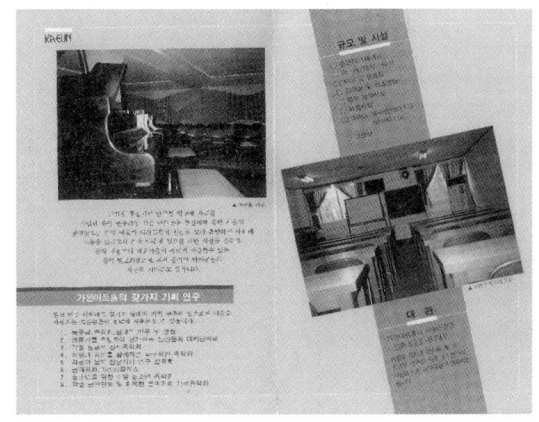

가은아트홀 홍보 리플릿

으로 사 주었다. 그 건물 전체를 음악 시설로 바꾸기로 했다. 지하는 연주홀로 꾸미고 강의실과 연습실로 4층을 다 채웠다. 개관하기까지 정말 신경을 많이 써야 했고 돈도 많이 들었다. 마침내 1988년 2월 22일 개관 연주회를 했다. 부산의 음악인들이 너무 많이 모여와서 들어오지 못한 청중이 있을 정도였다.

이렇게 개관한 가은아트홀에서 주로 중학생, 고등학생, 대학생들의 연주회를 꾸준히 열었다. 피아노를 공부하는 학생들이 상당히 많았던 시절이었는데도 연주할 기회를 만들어 줄 공간이 없었다. 심지어 음악과가 있는 대학에도 연주홀이 없었다. 이런 사정으로 가은아트홀은 기대 이상으로 연주회를 자주 열 수 있었다.

나는 또한 가은아트홀에서 손에 꼽히는 작곡가 일곱 명의 작품으로 꾸린 연주회를 기획하기도 했다. 연주회는 10년 동안 끊임없이 제자들을 독려해가며 진행했다. 제자들 사이에서 연주하기 싫으면 임신해야 한다는 말까지 나올 정도로 연주하기 힘들어 했지만, 지금에 와서는 그때가 참 좋았다고들 웃으면서 회상하는 추억이다.

당시 가은아트홀에서 열었던 연주회를 소개한다.

가은아트홀의 다양한 연주회

1989 — 첫 번째 연주회
제자들과 함께 가은아트홀에서 기획 연주를 하자고 의견이 모아져 첫 번째 연주회를 열었다. 공연은 베토벤 전곡 연주로 기획했다. 베토벤의 소나타는 총 32곡으로, 피아노 음악의 금자탑이자 피아니스트들이 필수로 공부해야 하는 성경책에 비유되기도 한다.

1990 — 3월 26일~12월 17일
매월 마지막 주 월요일마다 총 8회에 걸쳐 진행되었다. 소나타 32곡을 완주한 이 릴레이 연주는 부산에서 처음일 뿐 아니라 전국에서도 처음 있었던 연주로 기록된다.

1991 — 10월 7일~10월 28일
매주 월요일 총 4회 진행되었다. 모차르트 서거 200주년을 기념한 공연으로 모차르트 소나타 전곡을 연주했다.

1997 — 슈베르트 탄생 200주년 기념 총 4회

1998 — 슈만 피아노 작품 연주 총 2회

1999 — 쇼팽 피아노 작품 연주 총 11회
슈만 피아노 작품 연주 총 4회

2001 — 프로코피에프 피아노 소나타 연주 총 3회

2006 — 바하 건반악기 작품 총 13회

Muse 실내악단 결성과 가은 피아노 페다고지

가은에서는 매주 토요일마다 학원 선생님을 모아 페다고지 강의를 시작했다. 학원 선생님들에게 피아노 기초 훈련법을 가르쳤고, 동시에 직접 개인 레슨을 해 주었다.

조현선(피아노), 임병원(바이올린), 이유미(첼로)로 구성된 실내악단 'Muse'가 결성되어 가은아트홀에서 꾸준히 연주를 이어갔다.

또한 가은에서는 매주 토요일마다 학원 선생님을 모아 페다고지 강의를 시작했다. 학원 선생님들에게 피아노 기초 훈련법을 가르쳤고, 동시에 직접 개인 레슨을 해 주었다. 이를 통해 1년에 한 번씩 연주회도 열었기 때문에 원장들은 학원을 운영하면서도 보람을 느끼며 열심히 공부하였다. 대학원에 진학도 하고 초급 대학에서 4년제로 진학하는 열의도 보여 주었다. 가은 Class 피아노는 20년이 지난 지금까지도 한 달에 한 번씩 같이 모여 피아노도 치고 밥도 먹으면서 친목을 유지하고 있다. 나에겐 정말 큰 기쁨이 되는 모임이다.

한번은 유명하신 성악가 고 오현명 교수님을 초청하여 정진우 교수님의 반주로 음악회를 열기도 했다. 이렇게 콧구멍 털이 보일 만큼의 작은 무대에서 노래해 보는 것도 처음이라며 추억이라시던 오현명 교수님의 말씀이 생각난다.

그 외에도 학생들의 리사이틀이 자주 열렸다. 마스터 클래스를 운영한 것도 빼놓을 수 없는 기획이다. 비엔나 국립음대 교수인 토이플 마이어 교수님이 주로 자주 와 주셨고, 독일 쾰른 음대 교수이신 브라운 교수도 오셨다. 그 외에도 많은 해외 교수님을 모시고 마스터 클래스를 이어갔다.

내 개인적으로는 두 번의 독주회 때 연주한 쇼팽의 마주르카 전곡을 CD 두 장에 모아 출반하기도 했다. 가은에서 진행한 쇼팽

가은아트홀에서 열린 오현명 교수님 초청 공연

가은페다고지 멤버들

기획 연주회(99년)가 있었기에 가능했다.

이처럼 왕성하게 운영하던 남천동 가은아트홀은 시대 발전에 따라 자연스럽게 문을 닫고, 제자들이 그 공간을 개인 스튜디오로 주로 쓰고 있다. 2023년 올해는 3층을 수리하여 가은문화공간을 만들었다.

가은아트홀의 명맥은 현재 구서동 금정문화회관 근처에 내 스튜디오 겸 리허설 연주홀로 잇고 있다. 구서동 가은아트홀이 있는 자리는 원래 논밭이었다. 그 옛날 부산시에서 내놓은 땅을 시아버님께서 구입한 것이었다. 논에서 수확한 쌀을 집에 가져왔던 기억도 있다. 가은아트홀이 있던 남천동은 우리 집에서 멀고 하여, 구서동의 이곳을 리모델링하여 스튜디오로 꾸몄다. 현재 1층은 피아노 상회로, 2층은 피아노 연주실로 꾸며져 있다. 학생들 연주 리허설 장소로 적합하다.

부산 피아니스트들의 그룹 활동

피아니스트 둘 혹은 네 사람이 모여 함께 연주하는 듀오 모임은 의미가 있다. 피아니스트들의 연주 폭도 넓혀 주고, 무엇보다 홀로 외로이 고투를 벌이는 독주회에 비해 서로 간의 친목을 쌓고 소통하는 기회도 가질 수 있다.

1990년대에 들면서 부산에서도 많은 피아니스트가 배출되기 시작했다. 피아니스트들은 거의 독주회나 독창회의 Solo 악기 반주자로 활약한다. 실내악 활동에도 참가하기는 하나 극히 제한적이다.

이런 면에서 피아니스트 둘 혹은 네 사람이 모여 함께 연주하는 듀오 모임은 의미가 있다. 피아니스트들의 연주 폭도 넓혀 주고, 무엇보다 홀로 외로이 고투를 벌이는 독주회에 비해 서로 간의 친목을 쌓고 소통하는 기회도 가질 수 있다. 한 번에 스무 명 이상의 피아니스트가 참여하는 경우도 있는데, 이는 단체 연주의 좋은 사례로 환영받고 있다.

부산 피아노듀오협회

1990년 제갈삼 교수님과 몇몇 부산의 피아니스트들이 모여 부산 피아노듀오협회를 결성하였다. 특히 제갈삼 교수님의 공이 컸다. 교수님께서 직접 일본 도쿄의 듀오협회 회장 내외를 찾아가 우리 부산에 지회를 두자고 제안하신 것이다. 그렇게 '국제피아노 듀오협회'라는 이름으로 협회 활동이 시작되었다. 부산 피아노듀오협회는 한국에서는 처음 결성된 피아니스트들의 듀오 단체이다. 서울에서는 그보다 약 2년 늦게 한국 피아노듀오협회가 정식 출범했다. 서울음대 교수님이셨던 김원복 교수님께서 제갈삼 교수님의 소식을 듣고 함께 일본에 가셨다가, 서울 듀오협회도 만들기로 한 것이 계기가 되었다고 한다. 그러니까 한국의 피아노듀오협회는 제갈삼 교수님의 공로로 일본과 결연을 맺으면서 출범하게 된 것이다.

이와 관련해 제갈삼 교수님께서 웃으면서 하신 말씀이 있다. "서울사람들은 왜 서울 듀오협회라 이름하지 않고 한국이라고 이름을 붙여서 한국을 대표하는 단체로 착각하게 하느냐"며 "마치 우리는 부산에 국한된 것처럼 생각하게 된다"는 불평 비슷한 말씀이었다.

부산 피아노듀오협회는 부산음악협회 후원 하에 1991년 4월 8일 부산문화회관 대강당에서 연 창단 연주회를 시작으로, 현재까지 봄가을 각각 2회의 정기 연주회를 꾸준히 개최하고 있다. 2020년부터 시작된 코로나 팬데믹으로 2년간 네 번의 연주회는 열리지 못

했고 2022년 가을 제63회 연주회가 열렸다. 정기 연주회는 우선 첫날 듀오 한 팀이 하루 프로그램을 담당하고 이틀 째엔 단체 연주로 6~7팀이 한 무대씩 맡아 연주하는 형태로 진행된다. 제갈삼 교수님께서 제1대 회장으로 5년을 계셨고, 이어 내가 2대 회장으로 또 5년을 했다. 그후부터는 2년씩 회장이 교대되어 지금은 제12대 회장(서혜리 교수)까지 내려오고 있다.

부산 피아노듀오협회가 진행한 공연 중 가장 기억에 남는 공연은 1992년 제갈삼 교수님께서 회장에 계실 때 일본 듀오협회와 진행한 합동 공연이었다. 이 공연은 그야말로 부산에서 처음 열리는 피아니스트들의 대축제였다. 부산문화회관에서 열린 이 공연에서

40명의 피아니스트가 함께한 듀오협회 연주

피아노 스무 대와 일본과 부산의 피아니스트 각 20명씩 40명, 합창단이 함께 무대에 올랐다. 홍춘선 교수님의 지휘로 연주한 그날의 곡은 베토벤 9번 교향곡 4악장 합창곡이었다. 피아노 스무 대를 대여하는 일도 힘들었고, 무대가 무너질 위험이 있다는 부산문화회관 측의 염려도 있었다. 우리는 문화회관 무대가 그렇게 허술하지 않다고 믿고 공연을 진행했다. 많은 청중이 문화회관을 꽉 채운 성공적인 공연이었다.

이 음악회는 92년 부산문화회관에서 열린 '부산국제음악제'의 공연 중 하나였다. 부산일보가 주최하고 코리안 아트(지금은 없어짐)가 주관한 부산국제음악제는 부산에서 처음으로 열린 국제 음악 축제였다. 크로아티아 자그레브 필하모닉 오케스트라를 비롯해 멜버른 쳄버오케스트라 등 유명 단체는 물론, 많은 외국 연주자들을 초대하였다. 주로 오스트레일리아의 대사관과 연결이 되었던 것으로 기억한다.

명예롭게도 나 역시 이 국제음악회에 초대를 받아 켄베라 윈드 솔리스트 목관 5중주단과 협연을 하였다. 프랑스의 현대 작곡가 프란시스 풀랑크의 곡으로, 목관 5주자와 피아노가 협연하는 6중주 공연이었다. 한 달 전에 연주를 맡게 되어 최선을 다해 열심히 연습했는데, 다행히 만족스럽게 연주를 마쳐 매우 기뻤다. 풀랑크의 이 곡은 현대적이고 익살스러운 부분이 있어 나도 흥에 겨워 연주를 했던 기억이 있다. 정말 큰 경험이었다.

한편, 한국에서 베토벤 9번 합창을 연주한 후 우리는 도쿄국제 피아노의 초청으로 일본에 가서 또 연주를 하게 되었다. 한국에서와 마찬가지로 피아니스트 스무 명이 일본에 가게 되었다. 도쿄의 야마하 피아노 상회와 가와이 피아노 상회에 가서 합동 연습을 하고 연주를 했다. 부산에서 연습을 할 때 우리 가은아트홀 강의실에 피아노 열 대를 두고 연습을 했으니, 가은아트홀도 공헌한 바가 크다 하겠다.

부산 공연의 대성공을 계기로 미국 공연까지 잡혔다. 문화방송국 사업부장이며 음악 담당으로 유명하셨던 곽근수 음악 평론가께서 미국 LA 원정 연주를 기획하신 것이다. 마침 LA에서 광복 50주년 경축 음악제를 기획 중이었는데, 이 음악제에 우리가 초대된 것

미국 공연에 함께한 부산듀오협회 회원들

이었다. 우리 단체는 또 흥분된 가운데 40명의 피아니스트들이 부산예술고등학교에 모여 연습하고 미국 LA로 향했다.

일본 공연까지는 제갈삼 교수님이 회장으로 계셨기 때문에 나는 마음 편히 연주만 했다. 그런데 제갈삼 교수님에 이어 내가 2대 회장이 되어 공연을 진행하려니 마음이 무거울 수밖에 없었다. 40명을 인솔하여야 하는 입장인 만큼 혹시 무슨 사고나 생기지 않을까 노심초사하며 기도만 열심히 했다. 다행히 공연은 성공적이었다. LA 한국 동포들에게 선전이 잘 되었는지, LA에 사는 친척은 물론이고 멀리 사는 옛 제자도 찾아오고 오빠 친구 내외도 공연을 보러 왔다. 한국 방송국에서 나와 인터뷰도 하여 TV를 통해 재미 동포들에게 널리 알렸다.

공연 후 우리는 단체로 버스를 타고 라스베가스까지 가서 관광을 하고 그랜드캐니언에 들러 감탄이 절로 나오는 풍경도 구경했다. 이처럼 LA 공연은 단순한 음악회가 아닌, 부산 피아니스트들에게 활력을 주었던 큰 행사였다.

부산 피아니스트 연주가 클럽

우리 부산 피아노듀오협회가 LA 연주를 마치고 돌아와 해단식을 하는 날, 또 다른 피아니스트 모임이 결성되었다. 나는 이 모임에 관계하지 않고 있다. 교육대학에 계신 고정화 교수님과 경성대학교 서심미 교수님이 주축이 되어 조직된 단체로, 이 그룹에도 듀오협회 회원이 많이 입회하여 활동하고 있다. 이 클럽 역시 봄가을 연 2회 연주를 기획하고 콩쿠르도 개최하는 등 야심차게 활동을 전개하고 있다.

한국피아노학회 부산영남지부

한편 서울에서는 이화여대 장혜원 교수님께서 '한국피아노학회'라는 피아니스트 단체를 만드셨다. 장 교수님께서 회장을 하시고 지방에도 각기 회장을 두는 등 피아니스트들의 전국적 모임을 조직하셨다.

부산에서는 고정화 교수님께서 제1대 회장이 되셨다. 서울에는 이원 문화센터를 두고 천안에는 이원 문화원을 만들어 매년 큰 연주와 여름 세미나를 개최하시면서 외국 유명 음악가를 초대하여 마스터 클래스를 열어왔다. 입회비를 가지고 운영할 계획이셨는데, 은행 이자가 줄어드는 바람에 그것도 힘이 들어 요즘엔 활동이 조금 준 것으로 알고 있다.

제1대 고정화 회장 다음으로 내가 2대 회장을 하면서 이강숙(제1대 예술종합대학 총장님) 총장을 모시고 음악 포럼도 해 보았다. 지금은 연 1회 연주회 개최로 행사를 대신하지만, 내가 회장할 때는 학회라는 이름에 걸맞은 행사를 하려고 노력도 했었다. 하지만 예술 분야이다 보니 학회의 명맥을 유지하는 것이 쉽지 않았다. 그래도 회장님들의 노력으로 꾸준히 활동이 유지되고 있다.

부산 피아노음악연구회와 리스트협회 부산영남지부

서울 황윤하 교수님께서 헝가리 부다페스트 음악원과 연결하여 서울에 Liszt 음악 협회가 결성되었다. 이 단체의 부산 지회 설립을 위해 연락이 되어, 동의대학 이동섭 교수와 부산대학교 한명희 교수님이 부산의 피아니스트를 모아 의견을 나누었다. 그 결과 리스트협회라고 제한된 연주 활동은 별 의미가 없다는 결론이 나왔다.

그래서 내가 의견을 내기를, 피아노음악연구회로 이름을 정하여 좀 더 의미 있는 음악 활동을 하자고 권유했다. 그렇게 부산 피아노음악연구회가 조직되었다. 가능한 개인연구 발표회, 즉 렉쳐 리사이틀과 한 작곡가만 모아 릴레이 연주를 하는 것을 목적으로 하고 있다. 해설과 연구 발표를 겸한 연주를 1년에 한 번 하고, 매년 콩쿠르도 개최하는 등 행사와 연주를 겸하고 있다. 1대 이동섭 2대 권준 회장으로 이어져 현재는 피아니스트이면서 음악학 박사인 박유미 교수님이 회장을 맡아 잘 운영해 나가고 있다.

황윤하 교수님께서는 다시 김정미 교수와 연결하여 부산영남지부를 결성하여 리스트협회 지부를 부산에 두게 되었다. 김정미 교수가 매회 한 번씩 알찬 음악회를 기획하여 단체를 이끌고 있다.

정년을 앞두면서 마음이 달라졌다. 세월도 많이 흘렀을 뿐더러, 나도 나이가 들어가면서 음악학과의 발전을 위해 무엇인가를 해 놓고 정년을 해야겠다는 마음이 생겼다.

예술대학 부학장

    1982년 부산대학교 예술대학이 신설되었다. 당시는 총장이 학장을 임명하던 때였고 1, 2대 학장으로 미술학과 이의주 교수님이, 3대 학장은 음악학과 이상근 교수님께서 하셨다. 이어 미술학과 김수석 교수님이 5대 학장까지 하셨다. 그 후 제도가 바뀌면서 단과대학 교수들이 투표로 학장을 뽑는 선거 방식이 도입되었다.

    첫 학장 선거에서는 음악학과 제갈삼 교수님과 기존 학장이신 김수석 교수님 두 분이 경합하여 김수석 교수님이 당선되었다. 선거제가 도입되며 교수들 간에도 선거운동이 펼쳐졌고 파벌 아닌 파벌도 생겨나게 되었다. 때문에 2년마다 선거 때가 되면 미술학과와 음악학과 그리고 국악학과까지 경쟁을 해야 하는 분위기가 조성되어 별로 안 좋았다.

나는 90년 선거 당시 정교수였던 음악학과 최정순 교수와 함께 학장 후보 대상자가 되었다. 정교수만이 학장 후보 대상자가 될 수 있었던 것이다. 최종적으로 내가 후보가 되어 김수석 교수와 경합을 하게 되었는데, 동점이 나와 재투표를 실시했고 결과적으로 김수석 교수가 학장이 되었다.

음악학과 교수들은 나를 적극 지지했는데, 그중 미술학과 김수석 교수를 지지하는 교수님이 있었던 것이다. 그리고 김수석 학장을 지지했던 음악학과 교수가 다음에 학장이 되는 일이 생기면서 음악학과 교수들 간에 약간의 파벌이 생기게 되었다. 그 후에는 교수 숫자에 밀려 미술학과에서 계속 학장이 나왔고, 미술학과는 시설면에서도 점차 발전해갔다. 그에 반해 음악학과는 그렇지를 못했다.

여기서 밝히지만 사실 처음 후보에 들었을 때만 해도 나는 학장을 할 생각이 없었다. 교수 생활을 하면서도 늘 학생들 잘 가르치는 실력 있는 교수로 인정받고 싶었지, 학교 행정에는 별 관심이 없었던 것이다. 음악교육학과 시절에도 학과장조차 하기 싫어 임기도 다 채우지 않고 미국으로 도망가듯 연수를 떠났을 정도였다. 그만큼 행정에는 관여하고 싶지 않았는데 정년을 앞두면서 마음이 달라졌다. 세월도 많이 흘렀을뿐더러, 나도 나이가 들어가면서 음악학과의 발전을 위해 무엇인가를 해 놓고 정년을 해야겠다는 마음이 생겼다.

　무엇보다 모든 면에서 발전하는 미술학과와 달리, 음악학과는 제대로 된 연주홀 하나 없었고 연습실조차 너무 열악하였다. 교수 연구실은 좁았지만 그래도 지낼 만했다. 나는 몇몇 교수들과 뜻을 모아 계획을 세웠다. 내가 행정 경험이 없으니 먼저 부학장이라도 해보고 학장에 도전할 생각이었다.

　우선 학장 선거에 출마를 준비하던 미술학과 한인성 교수님을 찾아갔다. 이번 학장 선거에 교수님을 지지할 테니 부학장이라도 하게 해 달라고 요청한 것이었다. 한 교수님은 그러나 난색을 표하셨다. 늘 미술학과를 밀어주었던 음악학과 교수에게 이미 부학장 자리를 약속했다는 것이었다. 나는 포기하지 않고 2년인 부학장 임기 중 1년만 먼저 해보겠다고 제안하며 남은 임기 1년은 그 교수님을 임명하시는 게 어떻겠느냐고 말씀드렸다. 결국 한 학장님이 학장에 당선되신 후 나는 부학장이 되었다. 1년간 부학장을 하며 경험을 쌓은 뒤, 남은 1년 동안 선거운동을 한 후 학장 출마를 하기로 마음을 정했다.

　부학장이 되자 음악학과의 열악한 현실이 눈에 더 들어왔다. 당시 음악학과는 무용학과, 국악학과와 한 건물에서 복잡하게 시설을 사용하고 있었다. 예술관을 짓기는 했지만 학생들의 발표장인 연주홀은 한 건물에 마련하지도 않은 터였다. 마스터플랜 없이 지은 탓이었다. 연주홀은 기존 건물 예술관에 붙여서 엉성하게 만들어져 있었다. 그마저도 교수들의 아우성에 못 이겨 이후에 지어진 것이었다.

이와 달리 미술학과는 예술대학이 신설되면서부터 따로 지었다. 학장을 할 때에야 안 사실이지만 미술학과는 정말로 공간이 있으면 있는 대로 다 사용하게 되는 학과였다. 서양, 동양, 디자인, 조소 등 전공 분야별로 작품을 만들어내는 작업이 필요하니 무한정으로 공간이 필요한 학과였다. 그래서 그랬던지 미술관은 아예 터를 넓게 잡고 시작을 한 것이었다. 이에 비해 예술관은 연주홀도 없이 세 개의 과가 사용하니, 복잡하고 시끄러울 수밖에 없었다. 음악학과의 연습실도 부족한데 국악학과 연습실은 물론이고 무용학과는 뛸 공간이 부적합하여 공간 다툼이 일어나는 형편이었다.

미술학과에서 학장을 계속해서 그런지, 음악학과와 국악학과 그리고 큰 공간 연습실이 필요한 무용학과에는 관심이 없는 듯했다. 학장은 예술관 입구 학장실에만 드나들었지 시설을 시찰하는 걸 본 적조차 없다.

엉성하게 지어진 연주홀 상황도 좋을 수는 없었다. 지붕을 철판으로 올리고 그밑에 스티로폼을 넣었는데, 햇빛에 달궈지면 스티로폼이 확장하는 소리가 마치 귀신 소리처럼 들린다고 했다. 비가 오면 빗소리에 연주가 방해되는 실정이었다. 불만이 계속되었다.

나는 시설과를 찾아 시설과장을 만났다. 식사 자리를 만들어

부산대 예대 학장시절

2002년 선거에서 절대적인 지지를 얻어 학장에 당선되었다. 음악학과 교수님들은 본인 일처럼 좋아했다. 나도 기분이 좋았다.

우리 사정을 말하고 우선 연주홀부터 리모델링하자고 강력하게 요청했다. 이런 노력 결과 기존 연주홀의 리모델링 작업이 시작되었다. 긴 나무의자를 모두 개인 극장식 의자로 바꾸고, 무대도 넓히고, 방음문을 바꾸었다.

이러는 동안 1년의 부학장 기간이 끝났다. 남은 1년은 선거운동을 열심히 해야만 학장에 당선될 수 있었다. 교수 수가 많다 보니 예술대학 학장 선거는 치열할 수밖에 없었다. 1년 동안 나는 예술대학 교수를 거의 다 만났다. 그해 학장 선거에는 미술학과를 계속 밀어주던 음악학과 교수도 출마했다. 나 때문에 부학장을 1년밖에 하지 못한 그와 경합을 벌이게 된 것이다.

나는 조심 조심 선거운동을 했다. 그러면서 기도를 통해 하나님께 매달렸다. 매일 아침 일어나 시편 118편을 세 번씩 읽으며 학장을 목표로 하나님께 기도했다. 그러다 보니 3개월 만에 118편을 외우게 되었다. 그리고 마침내 2002년 선거에서 절대적인 지지를 얻어 학장에 당선되었다. 음악학과 교수님들은 본인 일처럼 좋아했다. 나도 기분이 좋았다.

예술대학 학장 시절

그 작은 내 마음이 마중물이 되어 총장님과 통했던 것일까. 2월 말 새 학기 직전 학장회의 날 아침, 갑자기 총장님께서 전화가 왔다. 교내 발전기금 60억 원이 들어왔는데, 그 돈으로 예술관을 짓기로 했다는 것이었다.

2003년 신학기, 나는 예술대학장으로 임명을 받았다. 부학장은 무용학과 주수광 교수님을 임명했다. 해야 할 일이 태산 같았다. 우선 학장회의에 주 1회 참석했다. 학장회의는 아주 진지한 자리였는데 당시 총장님과 진행한 학장회의는 별로 편하지 않았다. 학장들과 총장님의 의견 충돌이 많았고 분위기가 안 좋아 마음이 불편했다.

그러다 학장이 되고 반년 후 새 총장이 선출되었다. 의과대학 마취과 김인세 교수님으로, 부산대학교 교수님이 총장이 된 경우였다. 김인세 총장님은 인상이 좋고 친근감 있는 분이셨다. 성격이 세심하시고 부지런하신 것은 물론 사교에도 능하신 편이라 학장들과의 친화력도 좋으신 편이었다.

한편, 예술대학은 교수님들의 교외 활동이 특히 많은 대학이다. 음악학과는 연주활동이 많아 음악회가 자주 열렸고 미술학과는 작품 전시회 발표로, 무용학과는 공연으로 항상 게시판이 가득 메워지는 실정이었다. 학장이 된 나로서는 발표회장 찾아가서 응원해드리는 일이 일과처럼 되었다. 나는 그것이 학장으로서 당연히 해야 할 일 중에 하나라고 생각했다. 그래야만 각 학과의 사정을 잘 알 수 있고 각각의 특성과 성격을 파악하기 쉬웠다. 시설 등 환경 시찰도 해야 했다. 학장실에 앉아 있는 시간엔 서류 결재하는 것이 거의 전부였다.

실장님과 행정실 직원을 살피는 것도 내 일 중 하나였다. 매주 날을 정해놓고 행정실 직원들과 다과를 하면서 그들의 노고를 칭찬했다. 행정실 분위기는 항상 좋았다. 실장님과 예술관 창틀을 모두 갈아 끼우기로 계획하고 시설 과장님을 설득해 예산을 얻었고 예술관 건물 창틀을 모두 갈았다.

물론 음악학과 학생 지도도 게을리할 수 없어 연구실에도 많이 있었다. 밤낮없이 바쁜 중에도 연주를 하고 싶은 갈망은 놓지 않았다. 교내 연주홀에서 제자 대학원 학생과 듀오 연주를 하기도 했다. 당시 연주홀 환경이 얼마나 열악했는지 그때의 에피소드를 통해서도 드러난다. 그땐 겨울이었는데 연주홀에 히터가 작동되지 않아 청중들은 추위에 떨고 연주자들 역시 몹시 추운 가운데 연주를 해야만 했다. 지금 생각해도 참으로 한심하다. 부학장님이 일

인용 팩에 먹을 것을 준비해 주셔서 그나마 청중에게 덜 미안했다. 부학장님이 항상 나를 많이 도와주셔서 고마웠다. 후에 음악관 건립에도 결정적인 역할을 해 주신, 잊지 못할 분이다.

이런 상황이었으니, 나는 학장이 되고부터 기도문을 써 놓고 아침저녁으로 읽으며 음악학과가 쓸 건물을 지어 달라고 하나님께 기도드렸다. 그러다 2004년이 되었다. 1년의 학장직을 마치고 2년 차 새학기를 준비하며 예술대학 신학기 계획과 건의사항을 써서 총장님께 가져갔다. 이때 또 들고 간 것이 있다. 발전기금이었다. 음악교육학과 졸업생들과 매월 만나면서 회비가 모여 있었는데 거기에 각자 후원비를 보탰다. 또 가은아트홀을 후원하시던 학부모님 몇 분이 후원금을 모아 주신 것에 내가 보태어 모두 1천2백만 원을 학교발전기금으로 드렸다.

그 작은 내 마음이 마중물이 되어 총장님과 통했던 것일까. 2월 말 새 학기 직전 학장회의 날 아침, 갑자기 총장님께서 전화가 왔다. 교내 발전기금 60억 원이 들어왔는데, 그 돈으로 예술관을 짓기로 했다는 것이었다. 총장님께서 그날 학장회의에서 그 사실을 발표할 테니, 내게 말을 잘하라고 전하셨다.

"아! 하나님은 내 편이시다! 할렐루야!" 나는 연거푸 하나님을 부르며 감사하는 마음으로 오후 학장회의에 참석했다. 총장님은 회의가 개최되자마자 예술관 건축 건에 대해 말씀하셨다. 이번에

모 회사로부터 발전기금이 들어왔는데 이 돈으로 예술관을 지으려 한다는 것이었다. 총장님은 열악한 예술관 환경을 말씀하신 후 예술대학 학장인 내게도 한 말씀 하라고 하셨다.

나는 원고도 생각도 없이 얼떨결에 일어났다. 떨리는 마음을 겨우 진정하고 두서없이 말을 이었다. 하나님을 믿고 용기를 내었을 뿐 정말 뭐라고 얘기했는지 기억도 잘 나지 않는다. 그저 예술관 짓는 데 동의해주기를 바란다고 다른 학장님들께 간곡히 부탁했던 것 같다. 내 입의 파수꾼이신 예수님을 의지하고 말하였을 것이다. 신기한 것은 학장님들 중 어느 누구도 말을 하지 않았다는 점이다. 하나님께서 다른 학장님들의 입에 자물쇠라도 채우신 것일까. 학장님들은 갑자기 들은 안건에 꿀 먹은 벙어리인양 한 분도 이견을 말씀하지 않으셨다.

마침내 총장님이 의사봉을 두드리시면서 새로운 예술관 탄생이 공식화되었다. 이 일에 대해 예술대학, 특히 음악학과 교수들까지도 믿어지지 않는 눈치였다. 그만큼 갑자기 일어난 일이었다.

―― "내가 너희에게 말하노니 무엇이든지 기도하고 구하는 것은 받은 줄로 믿으라. 그리하면 너희에게 그대로 되리라"   - 마가 11:24

발전기금 기탁 기사

제 552 호

부산대소식

한국을 대표하는 세계 속의 부산대학교
PNU BIWEEKLY NEWSLETTER
2004년 2월 16일

발행: 부산대학교/ 편집: 대외협력과/ 전화: (051)510-1299/ 팩스: 510-2884/ http://www.pusan.ac.kr

학내소식

나광자 교수, 문하생들과 발전기금 기탁

나광자 예술대학장(음악학과 교수)과 나 학장의 문하생 31명 및 가은 어머니회가 지난 2월 3일 음악학과와 학교 발전에 써달라며 1천2백만원을 기탁했다. 나 교수는 이날 김인세 총장을 예방하고 1천만원은 음악학과 발전을 위해, 2백만원을 학교 발전을 위해 써달라는 뜻을 밝히고 김 총장에게 발전기금을 전달했다.

이번 발전기금 출연을 함께 한 가은 어머니회는 나 교수와 나 교수 제자의 학부모 12명으로 구성된 모임이다.

음악관 개관 감사 편지

부산대학교

총장님께

총장님! 감사합니다.
하나님께서 총장님을 통하여 저의 꿈을 이루어 주셨습니다.
예술관 새 건물을 들러 보면서 저는 새삼 꿈을 이루어
주시는 하나님의 은혜에 눈물겹습니다.

저는 40여 부터 아름다운 콘서바토리를 꿈꾸며
교육부까지 찾아 다녔지만 여자 교수로서 어려움이 많아
결국 가은아트홀이라는 조그만 연주 연습홀을 만드는데
만족 해야 했었습니다.

그러던중 재직 말년에 즈음하여 부산대학교 음악과를 위하여
무언가를 하고 나와야 겠다는 막연한 결심이 생기면서
학장을 해야겠다고 하나님께 기도했고 학장되면서
매일같이 음악관 건립을 위하여 기도문을 써 넣고 기도했더니
하나님께서 불쌍히 여기어 총장님의 마음을 움직여
주셨습니다.

비록 새 건물에서 가르치는 기쁨을 누리지 못하는 것
서운하지만 감히 모세가 가나안 땅에 들어가지 못한 사건을
연상해 보면서 위로를 받습니다.

하나님의 역사를 이루어 가시는 우리 총장님의 노고에
깊은 감사를 드리면서 감사한 마음 몇자 적어 올립니다.
부디 건강하시고 우리 하나님께서 지켜주시고
복 주시기를 간절히 기도합니다.
                                    2008. 9. 18.
                                    나광자 올림.

김인세 총장의 답

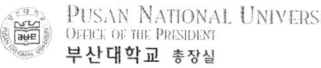
PUSAN NATIONAL UNIVERSITY
OFFICE OF THE PRESIDENT
부산대학교 총장실

609-735 부산광역시 금정구 장전동 산 30
Tel: 82-51-510-1101 · Fax: 82-51-581-0652
E-mail: president@pnu.edu
Homepage: www.pusan.ac.kr

나광자 학장님께 드립니다.

그동안 건강하게 잘 지내셨습니까?
모처럼 총장실을 방문하셨는데 제가 인터뷰 관계로 만나뵙지 못한 채 가시게 해서 대단히 미안합니다.

학장 보직시절에도 여러가지로 저를 도와주신 점 늘 감사하게 생각하고 있습니다. 학장님의 정성어린 기도가 하나님을 감동시켜 저를 도구로 사용하였나 봅니다.

비록 현직에서 가르치지는 못하시지만 음악관 건축의 기반을 이루어 두셨고 그 일이 결실을 맺게 되었으니 말씀하신대로 평생의 큰 기쁨이 되셨으면 좋겠습니다.

한편으론 음악학과를 위해선 좋은 일입니다만, 저 입장에선 다른 학과들의 요구가 참 힘들고 무거운 일이기도 합니다. 준공식 때 뵈었으면 좋겠습니다.

늘 건강하시고 하시는 일들마다 주님의 은혜가 함께 하시기를 기도드립니다.

2008년 9월
김 인 세 드림

예술대학 음악관 개관

마침내 2007년, 간절히 기다리던 소식이 전해졌다. 음악관 기공식을 한다는 연락이었다. 영광스럽게도 기공식에 참석하여 총장님과 함께 삽으로 흙을 떴다. 예술대학 음악관 건립이라는 간절한 소원이 하나님 은혜로 이루어진 순간이었다.

총장님께서 마음에 두고 진행하며 예술관 건축 계획안이 내려왔다. 학과장 회의를 거쳐 건축에 대한 설계부터 공모를 하기 시작하는 등 예술관 건축은 점차 확정되어가고 있었다. 여기서 한 가지 중요한 결정이 필요했다. 예술관을 짓되 어느 과에서 사용할 건물을 지을 것인가 하는 문제였다. 학과 회의에서 몇 가지 안을 놓고 논의를 이어가던 중 부학장인 주수광 교수께서 이번엔 음악관을 짓는 것이 옳은 것 같다는 의견을 내었다. 나는 언급조차 하지 않았는데 마치 내 심중을 읽으신 듯했다.

미술관은 이미 근처에 따로 나가 있으니 논외였다. 현재 예술관은 세 개 과가 같이 사용하고 있는데, 음악관이 따로 지어져 나가면 남은 두 개 과도 여유 있게 사용할 수 있다는 의견이었다. 그렇게 최종적으로 음악관을 짓기로 결정되었다.

나는 전국의 괜찮은 음악관을 알아보기 시작했다. 마침 서울음대 동기 동창인 서경선 한양대 교수가 한양음대 학장이 되어 학교 시설을 리모델링하였다는 소식이 들려왔다. 서울음대 시절 입학과 졸업 시 1등을 맡아 놓고 한 서 교수는 작곡가이자 아시아 작곡가 협회 회장도 지낸 친구로, 마음도 넓고 부드러웠다. 지금은 미국 캘리포니아에서 남편과 함께 잘 지내고 있다고 연락하는 사이다. 나는 곧장 서울에서 서 학장을 만나 함께 한양음대 시설을 시찰하고 많은 얘기를 나누었다.

그 다음엔 신축된 수원대 음악과를 찾았다. 제자인 유은경이 강사로 있던 때로, 그 소개로 수원음대 주영목 학장을 만나 음악관을 시찰하였다. 그 다음엔 대전에 있는 충남대학이었다. 후배 교수인 은여인 교수의 안내로 충남대학 음악교육학과를 시찰했다. 이렇게 서울과 지방을 돌아다니면서 음악관의 실태를 조사하고 다녔다. 출장비도 없이 나 혼자 다니는 여행 아닌 여행이었다. 그저 시설 문제를 고민하면서 음악관이 잘 지어지기만을 소망했다.

또 다른 한편으로 독주회도 계획했다. 학장으로 있을 때 학교 발전기금을 마련할 수 있는 좋은 기회가 될 것 같았다. 학장의 임기가 신학기 2월에 마치는 관계로 독주회는 2004년 2학기 말로 잡았다. 하지만 막상 연주료를 받는 독주회를 하려니 부담이 되었다. 나

발전기금을
모으기 위해 연
독주회

는 화려하고 이해하기 쉬운 곡으로 연주회를 준비했다. 슈만의 <카니발>은 대곡으로 정말로 힘들었다. 예전에 연주해본 적은 있었지만 손이 작은 나에게는 제법 힘든 곡이었다. 그래도 춤곡인지라 연습할 때마다 기분이 좋았고 열심히 준비한 결과 성공리에 끝낼 수 있었다. 그렇게 모은 발전기금으로 1천만 원을 학교에 출연하게 되었다. 순전히 내 힘으로 해낸 결과였다. 이 같은 내 간절한 마음이 모여서 하나님께서 음악관을 허락하셨다고 믿는다.

이처럼 하나님께서 나를 통해 계획한 일이 순조롭게 진행되는 듯했다. 그런데 갑작스럽게 변수가 생겼다. 2004년 신학기 정부의

로스쿨 계획안이 발표되면서 생각지도 않게 법과대학을 건축해야 했던 것이다. 그 영향으로 음악관 신축은 뒤로 미뤄지고 법과대학부터 짓게 되었다.

그러는 중에 나는 2005년 학장 임기를 마치고 평교수로 있게 되었다. 퇴임 후에도 몇 차례 총장님을 만나 음악관 신축에 대해 의견을 여쭈었다. 총장님은 그때마다 신축 비용은 그대로 있다며 걱정하지 말라고 나를 안심시키셨다. 주위에서는 부정적인 말을 하는 사람도 몇몇 있었다. 그들은 부정적인 말을 하면서 음악관 신축이 지연된 것이 아니라 마치 취소된 듯 말을 하기도 했다.

마침내 2007년, 간절히 기다리던 소식이 전해졌다. 음악관 기공식을 한다는 연락이었다. 영광스럽게도 기공식에 참석하여 총장님과 함께 삽으로 흙을 떴다. 예술대학 음악관 건립이라는 간절한 소원이 하나님 은혜로 이루어진 순간이었다. 한없이 기쁘고 감사한 마음뿐이었다. 역사는 결국 이루어진다.

부산대학교 음악관은 2009년 문을 열었다. 5층 건물에 300명을 수용할 수 있는 멋진 콘서트홀을 갖춘 음악관은 전국에서도 손꼽히는 시설을 자랑한다. 높고 넓은 오케스트라 연습실, 합창실, 컴퓨터 음악 강의실, 기타 강의실과 교수 연구실, 그리고 학생 연습실까지 갖추었다. 교수연구실에는 그랜드 피아노를 두 대씩 들여 음악대학에 준하는 훌륭한 음악관으로 탄생했다.

2009년 10월에는 음악관 개관 기념연주회가 2회에 걸쳐 열렸

음악관 개관 연주회 팸플릿

다. 김인세 총장님은 인사말을 통해 음악관을 건립하기까지 내가 들인 노력과 간절함에 대해서 언급하셨다. 음악회 출연자 중에는 부산대학 음악교육과를 졸업한 테너 김상곤도 있었다. 당시 이화여자대학 교수로 있던 그는 감격하여 거의 울면서 노래를 불렀다. 이렇게 훌륭하게 지어진 음악관 연주홀에서 노래 부르게 되어 너무 감격스럽고 기쁘다며 축하 말도 건넸다.

 이후 음악관 건립에 대한 학생들의 반응도 들을 수 있었다. 이렇게 좋은 건물에서 공부하게 되어 너무 황송하고 타 대학생들에게 미안한 생각까지 든다며 좋아한다는 얘기였다. 더할 수 없이 뿌듯한 마음이다.

유럽 순회 여행

독일 라이프치히 음악대학에서 여름캠프가 열리고 있어 유럽 여행을 계획했다. 서울을 출발해 모스크바 → 암스테르담 → 스페인 마요르카 섬 → 비엔나 → 프라하 → 드레스덴 → 라이프치히 → 에어푸르트 → 프랑크푸르트 그리고 다시 서울로 돌아오는 일정이다.

2005년 새 학기. 나는 정년 전에 해외 순찰 기회를 얻고자 학교에 신청했다. 학장 재직 후에 받을 수 있는 혜택으로 학교에서 출장비도 받았다. 마침 독일 라이프치히 음악대학에서 여름캠프가 열리게 되어 유럽 여행을 계획했다. 서울을 출발해 모스크바→암스테르담→스페인 마요르카 섬→비엔나→프라하→드레스덴→라이프치히→에어푸르트→프랑크푸르트 그리고 다시 서울로 돌아오는 일정이다. 여행사에서 비행기 티켓이며 기차 티켓 등을 준비해주었다.

첫 도착지인 모스크바는 이전에 서경희 교수와 찾은 적이 있었다. 이번에도 서 교수와 출발해 안과에 들러 치료를 받고 본격적으로 혼자서의 여행이 시작되었다. 두 달 동안의 긴 일정에 짐도 많았다. 비행기로 움직일 때는 괜찮았지만 기차로 이동할 때는 짐 때문에 너무 힘들었다. 고맙게도 도착지마다 도와줄 사람이 마중을 나오게 되어 있었기에 큰 문제는 없었다.

암스테르담에는 네덜란드 정취가 풍기는 시골 호숫가에 제자 문나현이 살고 있었다. 그곳에 짐을 풀고 며칠을 즐겁게 지냈다. 한번은 보트를 타고 호수에 나가 즐기기도 했다. 그렇게 잘 지낸 후 스페인 남쪽의 섬 마요르카에 들렀다. 마요르카 섬은 쇼팽이 조르주 상드르와 같이 요양했던 섬으로도 유명하다.

마요르카 섬으로 향하는 암스테르담 공항은 여름 휴가 차 마요르카 섬을 찾는 독일 사람들로 북적였다. 마요르카 섬의 바닷가는 크고 작은 요트로 꽉 차 있었는데, 대부분 독일 사람들의 요트라고 한다. 여름 한 철을 위해 1년을 비싼 유지비를 지불한다는 얘기를 들었다.

마요르카에는 제자 임수정이 살고 있었다. 사회성이 좋아 현지에서 활발히 활동하던 수정은 나를 데리고 다니면서 시내 관광을 시켜 주기도 하고 파티에 참석하거나 음악회에도 같이 갔다. 지휘자이자 <애국가>를 작곡한 안익태 선생님의 부인과 따님들도 만날 수 있었다.

나 혼자서 지중해의 어떤 섬을 관광하기도 했다. 옛날 증기기관차를 타고 20개 넘는 터널을 지나 어느 해변가에 도착한 뒤, 또 배를 타고 지중해 섬까지 갔다가 오는 코스였다. 동양 사람이라고는 나 하나뿐이라 외롭게 느껴지기도 했지만 귀한 구경을 할 수 있었다. 마요르카 섬에도 이루 말할 수 없는 큰 성당이 있었는데, 어떻게 그 옛날 섬 가까이에 그렇게 으리으리한 성당을 지었을까 감탄이 절로 나왔다. 후에 스페인 본토 여행에서 보았던 성당과 흡사한 모습이었다.

다시 비행기를 타고 암스테르담으로 돌아왔다. 이번에는 나현이와 함께 제자 우혜원도 만났다. 혜원이는 서울음대 2학년 때 쾰른 음대로 유학을 떠난 제자이다. 초등 6학년 때는 이화콩쿠르에서 1등을 한 영재였다. 학교 성적도 우수했던 혜원이는 암스테르담에 온 뒤 피아노 대신 생물학을 전공했다. 박사 학위 취득 후 연구실에서 연구교수로 있다고 했다. 네덜란드 작곡가와 결혼하여 벌써 전부터 암스테르담에 살고 있던 터여서 한국에는 좀처럼 오지 않았다. 오랜만에 만나니 눈물겨웠다. 딸처럼 아끼며 키운 제자인데, 이 먼 외국에 와서 타향 사람이 다 된 것 같은 걸 보니 감회가 새로웠다.

암스테르담에서 짐을 좀 정리한 뒤 다음 목적지인 비엔나에 갔다. 비엔나엔 제자 김선영이 머물고 있었다. 선영이는 당시 비엔나 아카데미에 막 합격하여 겨우 자리를 잡고 있던 때로, 한국에서 나와 함께 비엔나 아카데미 시험 준비를 한 인연이 있었다.

선영이는 고등학교 2학년 때 프랑스 파리로 유학을 떠났었다. 그때 선영이를 가르친 것이 가정교사 시절 내 제자인 김경애 교수이다. 경애는 파리 국립음대를 졸업하고 파리 근교 국립학교 교수로 있었다. 아무튼 선영이는 경애의 제자로 디프롬을 땄으나, 파리 국립음대 입학 기회를 놓쳤다. 이후 다시 독일에서 유학을 하던 중 캠프에서 비엔나 교수를 만나 비엔나 아카데미에 시험을 보기로 했던 것이다. 잠시 비자 문제로 한국에 들어왔을 때 나와 본격적으로 시험 준비를 했고 그 유명한 비엔나 음대에 합격했다.

비엔나에는 또한 부산대 조희주 교수와 최민경도 머물고 있었다. 마침 최민경 독주회가 있어 관람하고, 제자 정병휘도 지휘 공부를 하고 있던 때여서 같이 집에 가보기도 했다. 병휘 내외와는 체코 프라하에 함께 갔다.

프라하는 14, 5세기의 정취를 맛볼 수 있는 아름다운 도시이다. 프라하에 도착한 다음 날, 관광버스를 이용한 하루 관광 코스를 안내 받아 체스키 크룸로프(Cesky Krumlov)라는 유명한 관광지를 다녀왔다. 그곳은 아주 아름다운 성이 위치한 세계적인 관광지인데, 날씨도 좋고 관광객도 많아 흡족한 여행이었다.

프라하에서 이틀 밤을 지낸 뒤 기차로 독일 드레스덴에 갔다. 유럽 여행은 국경을 기차로 자유롭게 다닐 수 있어서 부담이 적어 좋았다. 단, 반드시 여권을 들고 다녀야 했다. 비엔나에 2주쯤 머물렀을 때 갑자기 헝가리 부다페스트에 가고 싶다는 생각이 들어 기차를 탄 적이 있다. 하지만 여권을 안 들고 가서 거절당하고 말았다. 제대로 준비하지 못해 후회 막급했던 기억이다.

드레스덴은 프라하와 아주 가까운 거리에 있어 두 시간 만에 도착했다. 이곳은 동독에서 통일된 도시로 과거 작센왕국의 수도였기도 하다. 내가 찾아간 당시에는 2차 세계대전 때 파괴된 옛 도시를 다시 정비하고 있어서 어수선한 분위기였다. 노경원 교수가 소개한 피아니스트 최은영이 성악가 남편인 강경원과 함께 마중 나와 있었다. 두 사람과 점심을 간단히 먹은 후 드레스덴 시내 관광을 제안했다. 남편이 아르바이트 겸 관광 안내도 하고 있다며 이곳 저곳을 구경시켜 주었는데, 특히 기억나는 것은 '바스타이'라는 검은 돌산이다. 신기하고 장엄한 모습이 인상적이었다. 큰 냇물이 흐르는 관광지에서 저녁을 맛있게 먹고 그들 부부와 헤어졌다. 다음은 이번 유럽 여행의 주 목적지인 독일 라이프치히였다.

기차를 타고 도착하니 저녁 노을 아래 도시가 어두워지고 있었다. 라이프치히 여름캠프가 있는 곳으로 기숙사가 예약되어 있어 택시를 타고 숙소로 바로 들어갔다. 그리고 그날 밤, 한국에서 온 캠프 참가 학생들과 스텝들이 대거 도착하였다. 나는 부산대 제자인 김지현과 한 방을 쓰게 되어 그날부터 2주를 함께 지냈다.

과거 동독 땅이었던 라이프치히는 음악의 아버지 바하부터 멘델스존, 슈만, 그리그에 이르기까지 대음악가들이 활동한 음악도시이다. 그런 만큼 도시 곳곳에서 그들의 흔적을 만날 수 있기도 하다. 라이프치히 성 토마스 교회에는 바하의 무덤과 동상이 있다. 멘델스존이 세운 라이프치히 음악학교와 이 음악학교를 중심으로 활동한 다양한 음악가들의 자취도 만날 수 있다. 게반트하우스 오케스트라와 오페라 공연장으로도 유명하다.

라이프치히 음악학교는 새롭게 잘 지어진 건물에 층층이 특색 있는 시설을 갖추고 있었다. 특히 인상 깊었던 것은 널찍한 복도에 옛날 그 학교에서 학생들을 지도한 유명 음악가의 사진을 걸어둔 점이다. 멘델스존의 사진은 물론이고 슈만, 노르웨이 작곡가인 그리그 등 음악가들이 그 학교 교수님이었다는 것을 학생들에게 알리기 위함이었다. 유명한 음악가에 대한 존경심과 자부심이 절로 우러나와 더욱 열심히 공부하지 않을까 하는 생각에 부러웠다.

여름캠프는 매일매일의 시간표에 따라 진행되었으며 수업도 매우 유익했다. 마스터 클래스와 학생들의 연주회가 매일 열렸다. 우리나라 예술종합대학 교수님이신 강춘모 교수님도 학생들을 가르치셨고 연주도 직접 하셨다. 나는 이 캠프에 초대를 받아 간 것은 아니었다. 캠프 일정에 맞추어 유럽여행 계획을 잡아 좀 더 유익하게 시간을 보내고자 참석한 캠프였기 때문에, 다양한 행사에 학생들과 함께 참여하며 유익한 시간을 보내는 데 만족했다.

캠프 기간 중 하루 동안 베를린 여행도 다녀왔다. 부산대 권혜령 교수의 제자로 라이프치히 음대에 다니고 있던 박재영에게 안내를 부탁했고 한 방을 쓰던 지현이도 여행에 동행했다.

2주일간의 캠프 마지막 날, 라이프치히 옆의 고도시 에어푸르트로 장소를 옮겼다. 독일 남편과 살고 있던 제자 정지미가 가족과 함께 나를 데리러 와 주었다. 에어푸르트는 마치 박물관 같은 소도시이다. 14, 15세기 목조 건물이 많았고, 도시 중심에는 고딕식의 뾰족한 모습의 천주교 성당 건물과 기독교 건물이 쌍둥이처럼 서 있었다. 겉모습은 비슷하나 안에 들어가면 현저하게 다른 모습이라 인상 깊었던 기억이 있다. 성당 안은 불이 켜져 있고 화려한 데 반해 기독교 건물은 어둡고 침침했다.

지미는 여덟 살 아들과 다섯 살 딸 남매를 키우고 있었다. 이화여대를 졸업하고 헝가리 부다페스트 리스트 음악원에서 디프롬을 딴 인재이다. 독일인 남편이 부다페스트에서 열린 체스 대회에 참석하러 왔다가 지미의 리사이틀 무대를 보고 반하여 무대 뒤에서 처음 만났다고 한다. 귀국 후 부산에서 활동하던 지미는 사랑이 그리워 결혼까지 마음 먹었고, 부산과 독일에서 각각 결혼식을 올린 뒤 에어푸르트에 자리를 잡은 것이었다. 남편은 건실한 공무원이다.

지미의 집에 머물면서 나는 매일 라이프치히 2차 캠프에 계속 다녔다. 기차로 1시간쯤 거리에 있어서 왕래하기도 편했다. 기차표는 이미 한국에서 많이 끊어온 터였다. 캠프에서는 마스터 클래스 등 연주에 참석하며 유익한 시간을 보냈다. 현재 한국에서 왕성히 활동하고 있는 피아니스트 김은정도 그때 만났다.

주말이면 지미와 함께 여러 곳을 여행했다. 바이마르에 가서 전통 있는 바이마르 음악학교에도 들렀고 리스트의 여름 별장에도 가보았다. 종교 개혁자 마틴 루터가 숨어들어 독일어로 성경을 번역했다는 유서 깊은 바르트부르크 성은 특히 인상 깊었다.

한편 과거 동독이 통일되면서 드레스덴부터 프랑크푸르트까지 많은 도시들이 동서의 긴 철길로 연결되어 있었다. 작센왕국 시절 바흐 선생은 작센 궁으로부터 많은 후원을 받았고 드레스덴부터 라이프치히를 중심으로 동독 쪽에서 음악활동을 많이 하였다. 그 자취를 볼 수 있었던 것도 이 여행의 정말 유익한 부분이었다.

그렇게 라이프치히 음대 여름 캠프가 끝나고 귀국길에 올랐다. 에어푸르트에서 기차를 타고 프랑크푸르트 역에 도착해보니 동독과 서독의 바깥 풍경이 사뭇 달라 보였다. 공산 치하에 있던 터라 아직 옛 도시의 정취가 남아 있는 동독에 비해 서독은 발전된 현대 도시의 모습을 하고 있었다. 마침 프랑크푸르트에서 직장생활을 하던 조카 이명한이 역으로 나를 마중 나와 있었다. 반갑게 인사를 나누고 함께 점심까지 먹은 뒤 헤어져 한국으로 돌아왔다. 꼭 2달 만이었다.

정년 음악회

프로그램을 충실히 만들고 싶어 총무인 박기덕과 애를 썼다. 2월엔 보통 음악 공연이 없는 시기라 청중은 많이 못 왔지만, 무대에 올린 연주는 모두 정말 훌륭했다. 김상룡 교수께서 이런 연주는 한 번 더 하라시면서 칭찬을 해 주셨다.

제자들과 함께 정년음악회를 준비하려다가 제자들 괴롭히는 것 같아 독주회를 하기로 했다. 독주회는 두 번 열었다. 2006년 10월 23일 부산 금정 대공연장에서, 이어 10월 26일 대전문화예술의전당 앙상블홀에서도 했다. 대전 연주를 계획한 이유는 내가 초·중·고를 대전에서 공부했기 때문이었다. 청중에 관계없이 대전에 고마운 마음을 표하고 싶어서 계획한 공연이었다. 그런데 의외로 서울에서 형제들이 와 주셔서 덕분에 귀한 손님들을 모시게 되어 기뻤다.

독주회를 마치고 나니 정년음악회를 하지 않으려던 내 생각과 달리 제자들이 섭섭하다며 정년음악회를 하자고 부추겼다. 그 바람에 2007년 2월 12일 부산문화회관 중강당에서 정년음악회를 열었다. 정년음악회는 대단히 큰 공연이었다. 베토벤 교향곡 5번과 6번을 연주했는데 피아노 두 대에 네 명씩 8핸드로 진행하였다. 교향곡 5번 4악장까지 4스테이지, 6번은 5악장이지만 3, 4악장을 한 팀이 연주하여 4스테이지였다. 총 8스테이지에 나와 제자 32명, 특별 출연한 팀파니 주자 한 사람까지 하여 총 33명이 동원되었다. 서울에 있는 제자들도 팀을 만들었다. 나는 프로그램을 충실히 만들고 싶어 총무인 박기덕과 애를 썼다. 2월엔 보통 음악 공연이 없는 시기라 청중은 많이 못 왔지만, 무대에 올린 연주는 모두 정말 훌륭했다. 김상룡 교수께서 이런 연주는 한 번 더 하라시면서 칭찬을 해 주셨다. 고등학교 친구인 금자도 친구와 함께 공연을 찾아주었다.

이렇게 하여 30년 만에 정년을 맞아 부산대학교를 떠나게 되었다. 정말로 긴 세월, 보람 있는 직장을 주신 하나님의 은혜에 지루함 모르고 귀한 시간을 보내었다. 항상 학생들과 즐거운 마음으로 공부했고, 선후배 교수님들과 어울려 지내는 것도 행복했다. 내 인생에 이런 행복과 영광을 주신 하나님께 감사한 마음뿐이다.

정년기념음악회

2007년 2월 12일 | 부산문화회관 중극장

PROGRAM

Transcriptions of L. v Beethoven
Symphony No.5 in c minor Op.67 "Destiny(운명)"

I. Allegro con brio	최윤희, 박미정 / 박현정, 배선화
II. Andante con moto	김성희, 유은경 / 황혜전, 서정아
III. Allegro	노경원, 전은주 / 김지영, 최선미
IV. Allegro	고영민, 최재영 / 권숙희, 배희영

INTERMISSION

Transcriptions of L. v Beethoven
Symphony No.6 in F Major Op.68 "Pastorale(전원)"

I. Allegro ma non troppo	박숙련, 강현주 / 강민정, 임소인
II. Andante molto moto	조현선, 정영주 / 김정미, 김은실
III. Allegro/IV. Allegro	이동섬, 김민선 / 정성흡, 최민경
V. Allegretto	나광자, 정혜심 / 박유빈, 신문정

봄이 오는 소리와 함께 새싹을 틔우는 또 하나의 작은 몸짓이 있습니다. 차가운 대지 위에서도 끊임없는 학문 연구와 제자 양성을 위해 수십 년간을 학교에 몸담으시고 선율 하나하나에 지혜와 마음을 담아 가르치며 살아오셨던 나광자 교수님!

이제 영광스러운 정년 퇴임을 앞두고 저희 사랑하는 제자들이 축하와 축복의 작은 소망을 가지고 감사와 보은의 음악회 자리를 마련하였습니다.

참되고 바른 음악도가 되라고 때로는 엄하게 눈물이 나도록 가르치셨고, 그러나 삶의 자리에서는 어머니처럼 훈훈하고 자상한 사랑의 끈으로 묶어주셨던 선생님!

삶과 존재와 시간을 한결같은 마음으로 믿고 바라고 사랑하며 살아오신 생애, 저희들 그 가르치심 잊지 않고 가슴에 묻어두며 부끄럽지 않게 열심히 살겠노라고 다짐해 봅니다.

여기, 봄이 오는 길목에서 선생님을 닮고 싶은 제자들의 작은 기도 소리

'늘 강건하시고, 웃음꽃 정원, 당신의 뜰에 행복 가득, 축복의 바구니 넘치소서.'

저희들의 기도에 함께 해주셔서 축복이 넘치는 아름다운 음악회로 빛내주시기 바랍니다.

경성대학교 교수 **최윤희**

정년기념음악회 참가자들

최윤희

부산대학교 사범대학 음악교육과 졸업
계명대학교 음악대학원 졸업
France Ecole Normale de Musique de Paris Diplome Superieur
독주회 및 협연등 국내외 다수 연주회 출연

현_ 경성대학교 교회음악과 교수

김성희

서울대학교 음악대학 및 동대학원 졸업
미국 Ohio University 대학원 연주자과정 졸업
Davis Elkins 대학 객원교수 역임
독주회및 협연, 반주등 국내외
다수 음악회 출연

현_ 서울신학대학교 교수

박미정

부산대학교 사범대학 음악교육과 졸업
효성여자대학교 대학원 졸업
독일 Frankfurt대학 수학
독주회및 가은기획연주등 국내외
다수 연주회 출연
부산대학교, 경성대학교 외래교수 역임

유은경

서울대학교 음악대학 수석입학
오스트리아 비엔나 국립음악원 피아노과 수석졸업
오스트리아 비엔나 국립음악원 실내악과
및 성악반주과 수료
독주회및 국내외 다수 연주회 출연
중앙대, 경원대, 수원대, 선화예중고
등 강사 역임

박현정

부산예고 졸업
Ecole Normale Diplome Superieur
제4회 Albert Roussel 피아노 국제콩쿨
특별상 입상
독주회및 국내외 다수 연주회 출연

현_ 경성대, 동아대, 동의대(학점은행제),
    부산예중,고 출강

황혜전

서울 대학교 음악대학 및 동 대학원 졸업
Ecole Normale de Musique de Paris
Diplome Supérieur d'Enseignement de Piano
Diplome Supérieur d'Exécution de Piano

현_ 성결대학교 겸임교수, 중앙대학교,
    서울 프랑스학교 출강

배선화

부산예고 졸업
이화여자대학교 음악대학 및 동대학원 졸업
독주회및 가은기획연주, 듀오연주, 반주등
다수 연주회 출연

현_ 부산예고, 브니엘예고 출강.
    부산 피아노 듀오 협회 회원

서정아

서울대학교 음악대학 졸업
오스트리아 비인 시립음악원 졸업
오스트리아 비인 국립음대 졸업
독주회및 가은기획연주, 듀오등
국내외 연주회 출연

현_ 충남대, 침신대, 대전예고,
    대전예술의전당 영재아카데미 출강

노경원

베를린국립예술대학 연주자디플롬
드레스덴국립음대 최고연주자과정 졸업
및 마이스터 과정 졸업
드레스덴 국립음대 조교 및 강사 역임
독주회및 협연, 반주등 국내외 다수
연주회 출연

현_ 인제대학교 교수

고영민

부산대학교 예술대학 졸업
독일 도르트문트 국립음대 피아노과 졸업
독주회및 듀오,반주등 국내외 연주회 출연

현_ 부산여대 겸임교수, 부산예중,고,
　　울산예고 출강

전은주

부산 대학교 예술대학및 동대학원 졸업
프랑스 Concervatoire National de
Massenet 수석졸업(최고연주자 과정)
프랑스 Concervatoire National de
Region de Reuil Malmaison 수석졸업
(최고 연주자 과정)
독주회및 국내외 다수 연주회 출연
현_ 인제 대학교, 브니엘 예중고 출강

최재영

부산대학교 예술대학 음악학과 졸업
프랑스 파리 베르사이유/ 말메종 국립음
악원 전문연주자과정/실내악과정졸업
독주회및 국내외 다수 연주회 출연
부산대학교, 동의대 출강 역임

현_ 부산 예술 중고등학교,
　　부산브니엘 예술 중고등학교 출강

김지영

부산대학교 예술대학 음악학과 졸업
독일 Essen Folkwang Musikhochschule/
Kammermusik 졸업(Diplom)
국내외 다수 음악회 출연

현_ 협성대, 부산예고, 계원예고, 출강
　　만나 교육부 음악 감독

권숙희

부산대학교 사범대학 음악교육과 및
동대학원 졸업
이태리 롯시니 국립음악원 졸업
독주회및 가은기획연주등
국내외 다수 연주회 출연
동아대, 고신대 출강역임

현_ 부산예술고등학교 출강

최선미

부산대학교 예술대학 및 동 대학원 수석졸업
부산대학교 오케스트라와 협연
독주회및 듀오, 반주등 다수 음악회 출연

현_ 부산 예중고 출강

배희영

부산대학교 사범대학 음악교육과 및
동대학원 졸업
독일 Duisburg 국립음대 졸업
독주회및 가은기획연주등 국내외 다수
연주회 출연

현_ 브니엘 예고, 부산 예고,
　　글로빌 콘서바토리, 동아대 출강

정년기념음악회 참가자들

박숙련

서울대학교 음악대학 졸업
미국 Eastman음대에서 연주 및 문헌
석사 및 박사 학위 취득
다수의 국내외 독주회및 연주회 출연및
CD녹음및 음악저서등 다수 출간

현_ 국립순천대학교 교수.
　　Liszt 연구회 부회장

조현선

부산대학교 사범대학 음악교육과 재학중 유학
독일 국립 쾰른음악대학 피아노
연주자 과정 졸업
독주회및 협연. 가은기획연주등
국내외 다수 연주회 출연

현_ 경성대학교 예술대학 음악학과 교수

강현주

서울대학교 음악대학 졸업 (실기수석)
미국 New England Conservatory
석사취득 (Distinction in Performance)
독일 Hamburg 국립음대 최고연주자과정
(Konzertexamen)
최우수(mit Auszeichnung)졸업
독주회및 국내외 다수 연주회 출연
현_ 서울대학교,한국예술종합학교,예술의 전당 영재아
　　카데미,예원,서울예고,선화예고,계원예고 출강

정영주

부산대학교 예술대학 음악학과 졸업
미국 텍사스 주립 대학교 석사 학위(M.M)
및 박사 학위(D.M.A) 취득
독주회및 반주. 가은기획연주.듀오등
국내외 다수 연주회 출연

현_ 부산대학교, 부산 예술 고등학교 출강

강민정

서울대학교 음악대학 졸업
미국 노스웨스턴 대학 석사 졸업 (실기수석)
뉴욕 맨하탄 음대 최고 연주자 과정 졸업
독주회및 국내외 다수 음악회 출연

현_ 부산예중.고 출강

김정미

서울대학교 음악대학 졸업
서울대학교 음악대학 대학원 졸업
독주회및 협연. 2인음악회. 반주.
가은기획연주등 다수 연주회 출연

현_ 부산여자대학 음악과 교수

임소인

서울대학교 음악대학 졸업,
New England Conservatory 석사학위
귀국독주회및 한국피아노학회 초청연주회
등 다수 연주회 출연

현_ 삼육대학교, 예원, 서울예고, 선화예고,
　　계원예고출강

김은실

이화여자대학교 음악대학 졸업
경희대학교 음악대학원 졸업
독주회및 가은기획연주등 국내외 다수
연주회 출연

현_ 부산예고, 부산시교육청 음악영재원 출강

이동섭
연세대학교 음악대학 및 동 대학원 졸업
Cleveland Institute of Music,
Cleveland, Ohio 피아노 연주 석사
University of Washington, Seattle,
Washington 피아노 연주 박사
독주회및 협연. 가은기획연주. 실내악등
국내외 다수 연주회 출연
현_ 동의 대학교 교수

나광자
서울대학교 음악대학 기악과 졸업
대구 효성여자대학교 대학원 졸업
독주회. 협연및 국내외 다수 연주회 출연

현_ 부산대학교 예술대학 음악학과 교수

김민선
부산대학교 예술대학및 동대학원 수석졸업
이스트만/상 페테르부르크/잘츠부르크 모
짜르테움 마스터클래스 수료
독주회및 가은기획연주. 반주등
국내외 다수 연주회 출연

현_ 부산예고, 부산예중, 동의대학교 평생
　　교육원 출강

정혜심
부산대학교 예술대학 음악학과 졸업
부산대학교 예술대학 동대학원 졸업
독주회및 반주등 다수 연주회 출연

현_ 부산예고 출강

정성흡
Walnut Hill School For The Arts 및
뉴잉글랜드 음악원 예비학교 졸업
줄리어드음대, 뉴욕주립대학교 및 동대
학원 졸업
뉴욕주립대학교 Artist Diploma 졸업
독주회및 국내외 다수 음악회 출연

현_ 부산대학교 출강

박유빈
부산대학교 예술대학 및 동 대학원 졸업
부산음악콩쿨 3위입상
일본 국제피아노듀오콩쿨 입선
독주회및 가은기획연주.듀오연주등
국내외 다수 연주회 출연

현_ 부산브니엘 예고 출강

최민경
부산대학교 예술대학 졸업
독일 트로싱엔 국립음대졸업, 네델란드
암스테르담 국립음악원 최고과정 졸업
비엔나 국립음대 졸업 후 과정 졸업
한국 및 유럽에서 피아노, 실내악 각종
콩쿨에서 1등및 다수 입상
독주회및 국내외 다수 음악회 출연

신문정
부산대학교 예술대학 및 동대학원 졸업
일본 국제피아노 듀오콩쿨 입선
독주회및 2인 음악회.듀오연주등
다수 연주회 출연

현_ 부산예고 출강

■ 우정출연 : Percussion 최아나(부산대학교 예술대학 대학원 재학중)

논문과 CD 발행

이 큰일을 할 수 있도록 은혜를 주신 하나님께 진정으로 감사드리며 말없이 도와주신 모든 분들께 깊은 감사를 드린다.

나는 재직 기간 세 편의 논문을 내었다. 논문에 대해 간략히 소개해 보려 한다. 제목은 각각 아래와 같다.

- ♪ 「Béla Bartók "Mikrokosmos"의 피아노 學習을 위한 敎材的 硏究」
  - 부산대학교 사범대학 교육론집 제7집 1982. 6.

- ♪ 「J.s. Bach Invention과 Béla·Bartók Mikrokosmos에 대한 비교 연구 : 피아노 교재적 측면에서」
  - 효성여자대학교 대학원 석사학위 청구 논문

- ♪ 「L.v. Beethoven "32변주곡 (WoO 80)"의 에튀드(Etude)적 성격에 대한 연구」
  - 부산대학교 예술대학 예술논문집 제19집(별쇄)

논문 표지

Béla Bartók:
Mikrokosmos의 피아노學習을 爲한 敎材的 硏究

羅　光　子

釜山大學校 師範大學
敎育論集 第 7 輯 別刷
1982. 6.

碩士學位 請求論文

J.S.Bach. Invention과 Béla·Bartók
Mikrokosmos에 對한 比較 硏究
— 피아노 敎材的 側面에서 —

曉星女子大學校 大學院

音　樂　學　科

羅　光　子

指導敎授 李　慶　熙

1983年 2月　日

Beethoven "32번주곡 (WoO 80)"의 애튜드(Etude)적
성격에 관한 연구

나　광　자

A Study on the Beethoven's Thirty Two Variations(WoO 80)
- With Special Reference to the Characteristics as Etudes -

kwang-cha, La

釜山大學校 藝術大學 藝術論文集 第19輯(別刷)
2005. 12.

Béla Bartók는 20세기 현대음악을 대표하는 작곡가로서 27년간 음악학교의 피아노 교수로 있으면서 많은 제자를 길러냈으며, 아울러 자신의 연주 생활에도 게으르지 않았다. 따라서 그는 창작 활동뿐만 아니라 피아노 연주법에 있어서도 훌륭한 교사였다. 피아노 교육에 많은 관심을 가지고 <Mikrokosmos>라는 훌륭한 교재용 작품을 쓰게 되었다. 기초 초보자도 쉽게 접할 수 있는 짧은 곡들이지만 기존 조성음악을 탈피한, 그러면서도 동양적인 헝가리 특유의 민속음악에 기초한 매력을 느낄 수 있다.

현대곡의 어려운 복합리듬에서는 당황하지만, 오늘날 21세기에 들어서는 우리에게 익숙하게 닿아오기도 한다. 나는 피아노 교사로서 항상 피아노 교재적 연구에 관심이 있었기에, <Mikrokosmos>라는 피아노 소우주를 다룬 이 153곡의(성경에 나오는 숫자, 153마리의 물고기) 교재를 연구해 보았다.

다음으로 효대 대학원 석사 논문인 「J.s. Bach Invention과 Béla·Bartók Mikrokosmos에 대한 비교 연구 : 피아노 교재적 측면에서」이다. 앞서 연구한 Bartók과 J.s. Bach의 이 두 교재가 피아니스트들의 기초 학습을 위해 작곡된 만큼, 17세기 건반악기 작품의 태동과 20세기 전반적인 피아노에서의 서로의 공통점과 다른 점을 비교 분석하면서 피아노 작품의 기초적 창작 개념을 이해·분석해 보았다.

마지막 논문은 베토벤의 변주곡을 다루었다. 베토벤의 변주곡에는 출중한 곡이 많다. 영웅 교향곡(Eroica) 주제에 의한 변주곡을 비롯해 약 스무 곡의 변주곡이 있다. 그중에서도 8마디의 간단한 주제에 의한 변주곡이 마치 연습곡처럼 쓰여져 있다. 피아니스트들에게 필요한 모든 음형을 다루고 있어서 32개의 변주를 연주하다 보면 피아노 테크닉은 물론 음악성까지 모두 마스터하는 효과적인 곡이다. 이 곡을 연습하면 단시간 내에 효과적으로 악곡을 소화할 수 있기에 연습곡(Etude)으로서 적극 추천하고 싶어 연구해 보았다.

2000년과 2001년 CD를 출반한 일은 또한 의미 있었다. 먼저, 2000년 출반한 쇼팽 마주르카 작품집이다. 1999년 11월 15일 나는 피아노의 시인으로 불리는 폴란드 출신의 작곡가 쇼팽의 서거 150주년을 맞이하여 내가 주관한 가은아트홀 기획 연주에서 쇼팽의 마주르카 중 25곡을 연주한 바 있다. 우연히 CD를 만들어 보고 싶은 생각이 들어 녹음하였는데, 이것이 계기가 되어 2000년 6월 9일 나머지 마주르카 26곡을 가지고 연주, 녹음했다. 이로써 총 51곡의 마주르카(유작으로 7곡이 더 있음)를 완주하여 2장의 CD를 갖게 되었다.

작품 번호로 정리되어 출판된 쇼팽의 마주르카는 모두 49곡이다. 이들은 3, 4, 5개씩 묶여서 모두 13개의 그룹을 이루는데, 같은 작품 번호를 지니고 있다고 해서 반드시 연달아 작곡된 것이라고는 볼 수 없다. 리스트가 전하는 말에 의하면 쇼팽은 친구들이 그의 마주르카를 일컬어 '스케치북 음악'이라고 부르는 것을 재미있어 했다고 한다. 그만큼 마주르카는 쇼팽에게 있어서 어떤 부담이나 욕심 없이 그의 평생을 통하여 꾸준히 작곡해온 곡들이다. 소박한 마음으로부터의 음악이었던 것 같고 다른 작품들에서 보여지는 화려한 기교나 비르투오적이거나 드라마틱한 효과들이 배제된 상태여서, 오히려 섬세한 감성과 감각, 단순한 형식미 등을 느낄 수 있는 곡들이다.

    마주르카는 폴로네이즈, 크라코비아크 등과 함께 폴란드의 민족적인 특성을 지닌 무곡의 한 종류이다. 마주르카는 'MAZUREK'라고 불리기도 하는데 빛이 밝고 아름다운 평야 지대인 마조비아에서 생겨난 것이며, 산악 지방에서 탄생되어 거칠고 투박한 코라코비아크와 비교되기도 한다.

    2001년에는 이상근 피아노 작품을 담아 CD를 내었다. 내가 부산에 정착한 1965년경 이상근 교수님께서는 부산교육대학에 재직 중이셨다. 1970년경 부산음악교육연구회 회장으로 계실 무렵 처음으로 이상근 교수님을 뵙고 알게 되었으며, 1974년 부산대학교 사범대학 음악교육과가 설립되어 교수님과 같은 학과에 근무하게 되면서 교수님과는 선후배 음악인으로서 가까운 사이가 되었다. 2001년, 나는 교수님 별세(2000년 11월 23일) 후 1주기를 맞아 부산 음악계의 큰 바위라고 일컬을 수 있는 삶을 살아오신 교수님의 업적을 기리며, 내게 주신 악보를 중심으로 독주회를 마련하고 싶은 충동을 느끼면서 교수님의 피아노 곡만을 모으게 되었다. 나는 이미 이 교수님께 직접 받은 네 곡의 악보를 가지고 있었다. <Improvisation(즉흥곡, 1966)>과 타이베이 초청연주에서 연주했던 <Fantasy Suite(환상조곡, 1968)>을 비롯하여 <Projection No. 1(투영 1번, 1973)>, <No. 2(투영 2번, 1981. 이 곡은 독주용으로도 Projection No. 1과 함께 두 대의 피아노를 위한 곡으로 연주할 수 있음)> 등이었다.

이상근 교수님과 가장 절친하셨던 제갈삼 교수님께 이상근 교수님 작품을 가지고 계신 곡이 있는지 여쭈었더니 두 곡을 기꺼이 보내주셨다. <소나티네>(1949)와 한국 아악음악계에 의한 전주곡 <No. 7>(1950)이었다. 이 한국 아악음계에 의한 전주곡은 <No. 1>부터 <No. 7>까지 일곱 곡이나, <No. 4>와 <No. 7>은 이상근 교수님으로부터 받았는데 <No. 4>는 분실되고 <No. 7>만 찾을 수 있었다고 하셨다. 너무도 놀란 것은 이상근 교수님의 그 선명하신 기보력이었다. 노랗게 변한 악보에 연필로 또렷하게 적으신 노트가 얼마나 정교했는지 그야말로 보물이었다. 이런 악보를 선뜻 내어주신 제갈삼 교수님께 지면을 통하여 정말 감사하다는 말씀을 꼭 드리고 싶다.

다음으로 교수님의 가장 최근 곡이며 사랑스러운 곡, <파랑새 변주곡>이다. 경성대학교 음악과 조현선 교수의 독주회에서 들었

두 장의 연주 CD 출반

이 큰일을 할 수 있도록 은혜를 주신 하나님께 진정으로 감사 드리며 말없이 도와 주신 모든 분들께 깊은 감사를 드린다.

던 <파랑새 변주곡>(1987)이 기억이 나서 연락했더니 쾌히 보내주었다. 이렇게 하여 이상근 교수님의 피아노 솔로곡 일곱 곡이 모아지게 되었다.

연주를 위하여 악보를 읽으며 손과 귀에 익히면서 문득 이 악보들을 한 권의 책으로 만들어 후학들에게 널리 전하고 싶다는 생각이 들었다. 그리하여 2001년 12월 10일 독주회를 개최하기 앞서 CD로 녹음을 했고 음반과 함께 피아노 음악 출판기념 피아노 독주회를 갖는 뜻 깊은 자리를 갖게 되었다.

이 큰일을 할 수 있도록 은혜를 주신 하나님께 진정으로 감사드리며 말없이 도와주신 모든 분들께 깊은 감사를 드린다.

5장

정년 후의 나날들

친구들이 모이면 학창시절 이야기가 나오기 마련이다.
학창시절 나에 대한 기억을 얘기할 때면 고맙고
친구들이 더욱 귀하게 느껴진다.
'단발머리 친구들' 채팅방에서 소통하며
서로 좋은 글로 마음을 나누며 지낼 수 있어
그나마 위안이 된다.

나의 신앙생활

초등학교 6학년 때 우리 반에 친구 한 명이 전학을 왔다. 이름은 안화미, 싹싹하고 붙임성이 좋은 친구였다. 결국 화미를 따라 교회에 갔다. 내가 피아노를 칠 줄 아니까 데리고 간 것도 같다. 지금 생각하면 하나님께서 내게 보낸 전도사 같은 친구이다.

　　우리 집은 불교나 기독교 등 특별히 한 종교를 믿지 않았다. 우리 형제들은 그저 학교 다니며 공부만 했고 어머니는 마치 교장선생님 같았다. 학기 말이면 8남매가 우등상을 가져다 드리니 부모님은 오직 자녀들 키우는 것만 큰 기쁨으로 아셨다. 아이들이 공부 잘하는 집이라고 대전에 소문이 날 정도였다.

　　그에 반해 나는 어려서부터 비교적 교회에 호기심이 많았던 것 같다. 우리 집 근처에 천주교회가 있었는데 동네 친구들과 유치부에 가서 노래하고 교리 공부도 했다. 그러던 중 6·25 전쟁이 났고 피란 다닐 때는 모두 다 잊고 지냈다. 수복 후부터는 학교 생활이 재미있어서 교회에 가지 않았다.

　　그러다 초등학교 6학년 때 우리 반에 친구 한 명이 전학을 왔다. 이름은 안화미, 싹싹하고 붙임성이 좋은 친구였다. 직업 군인인 아버지를 따라 지방으로 다니다 보니 전학을 많이 다니게 되었단다. 화미는 내가 마음에 들었는지 날 보고 교회에 가자며 곧잘 졸라 댔다. 과외 활동도 많아 시간이 없는데 나는 결국 화미를 따라 교회에 갔다. 내가 피아노를 칠 줄 아니까 데리고 간 것도 같다. 지금 생각하면 하나님께서 내게 보낸 전도사 같은 친구이다.

노래 부른다고 YMCA 합창단에도 다니면서 화미와 대전중앙교회를 다니게 되었다. 중학교에 가서는 학생회 반주를 맡으면서 꼼짝없이 교회에 붙들렸다. 그래서 우리 집에서는 나만 교회에 다니기 시작했다. 어머니께서 반대도 안 하셨고 우리 형제들은 모두 제 공부 바빠 서로 간에 별 관심이 없었다.

고등학교 가서는 대 예배에서 피아노 반주를 하기 시작하며 주일에 빠질 수가 없게 되었다. 가끔 새벽 기도를 나가기도 했는데 교회 수련회는 한 번도 참석하지 못했다. 참석할 마음은 있었지만 피아노 연습이 우선이었기 때문이다. 더욱이 남학생들과 같이 어울려 가는 것이 조심스러웠다. 학생회에서 통성기도를 할 때도 나는 좀 어색했다. 그래도 크리스마스 이브에 성가단과 새벽송 돌면서 장로님 댁에 몰려가 떡국을 먹은 것은 큰 추억이다.

대학에 진학할 무렵부터 나는 하나님께 절실한 마음이 들기 시작했다. 당시 서울로 진학을 할 마음인데 아버지께서 많이 편찮으셨다. 시대가 변하며 자가운전자가 생기고 회사 운영이 힘들어지며 자녀들 걱정에 잠을 못 이루시는 날이 많았다. 그 스트레스로 서울에 있는 정신병원까지 치료를 받으러 다니시기도 하셨다. 내가 중학교에 진학할 무렵에도 아프신 적이 있지만 이번엔 좀 심하여 어머니께서 보통 힘드신 게 아니었다.

고등학교 3학년 시절 음대 입시를 위해 공부하며 피아노도 열심히 치느라 늦게서야 집에 올 때가 많았다. 그럴 때면 아버지는 걱정이 많이 되셨는지 대학교도 못 보낼 텐데 저렇게 열심이라고 마음 아파하셨다. 나는 대학교는 시험만 쳐보고 합격하면 장학금으로 다닐 테니 걱정하지 마시라고 아버지를 위로했다. 그리고 그때부터 하나님께 졸랐다. 최선을 다해 공부할 테니 꼭 대학에 합격하게 해달라고 간절히 기도했다. 어린 마음에, 만일 하나님께서 내 기도를 안 들어주시면 나도 하나님을 믿지 않겠다는 서원 기도까지 했었다.

결과적으로 나는 서울대학교 음악대학에 합격했다. 사실 나는 국어와 영어 과목이 좀 부족했다. 학교 시험은 범위가 정해져 있고 선생님께서 가르쳐주신 내용이다 보니 수업 시간에만 집중해서 들으면 성적이 잘 나왔다. 하지만 내가 나를 평가해보면, 피아노 연습을 하느라 책 읽을 시간도 영어 단어도 외울 시간도 없어 부족한 것은 당연했다. 그런데도 대학에 합격했으니 그것은 정말 내 힘이 아닌, 내 기도를 들어주신 하나님의 은혜라고 생각한다.

나는 그때부터 대학 생활을 믿음으로 끌고 갔다. 가정교사 생활을 하며 을지로에 살 때는 서울 영락교회에 다녔고 약수동에 있을 때는 신일교회에 다녔다. 부산으로 시집올 때까지 신일교회에서 반주자를 맡았다. 교회에 전자 오르간이 있어서 페달은 사용하지 않고 건반만으로 반주한 기억이 있다.

다시 시작된 신앙생활

학창시절에 교회에 꾸준히 나간 터라 시집 와서 교회에 못 나가는 것이 항상 마음에 가시가 되어 하나님께 죄송하였다. 마음 둘 곳 없어 절에도 가고 헤매던 중 그 일을 겪으니 문득 "내가 도적같이 오리라"라는 성경 말씀이 떠올랐다.

시집온 후 15년 동안은 교회에 나가지 못했다. 시댁이 워낙 불교를 깊이 믿고 있어서 교회 나가는 것이 조심스러웠던 것이다. 그런 환경에서 두 아들이 자랐기 때문에, 어려서 교회를 안 다녔던 아들들은 지금도 신앙생활을 하지 않고 있다. 나의 가장 큰 짐이자 기도 제목이다.

어쨌든 부산의 첫 근무지인 한성여대가 기독교 학교라 학교에서 예배는 볼 수 있었다. 하지만 나에게 교회를 가자는 사람은 한 사람도 없었다. 내가 지도하는 학생들의 학부모님들 중엔 기독교인도 많았지만 교회를 가자는 사람은 없었다. 이점은 우리 기독교인들이 크게 반성할 점이라고 생각한다.

그러다 서울 신일교회에서 친하게 지냈던 이제자라는 친구가 남편 직장을 따라 부산에 내려왔다. 이북에서 내려온 부모님 영향으로 북쪽 말을 썼던 제자는 경희대학교 음대 성악과 출신이다. 부산에 내려온 제자는 대연동 이웃에 살면서 나처럼 한성여대 강사로 나가게 되었고, 내가 친구 반주자가 되면서 더 가까운 사이가 되었다. 보통 믿음이 아니었던 제자는 왜 교회를 안 가느냐며 나를 나무랐다.

그러는 중 생각지 못한 사건이 일어났다. 대학원을 졸업할 무렵 석사논문을 쓸 때의 일이다. 저녁을 먹은 뒤 아래층에서 논문을 쓰는데 2층 우리 침실에 올라간 남편이 도둑놈이 다녀갔다며 나를 불렀다. 남편은 나를 꼭 안아 안심시킨 후 침실을 살폈다. 장롱 보석함에 넣어놓은 보석들을 모조리 훔쳐간 뒤였다. 여유가 있을 때마다 사서 모은 보석이었다. 여기에 기록하기 부끄럽지만 그때 시세로 집 한 채 값 정도를 잃어버렸다고 생각된다. 마음에 큰 상처를 입어 위로할 길이 없었다. 앞집에 사시는 시부모님께도 알리지 않았다. 현찰도 다 가져간 뒤였는데, 그래도 쓸 돈 5만 원을 남겨놓은 걸 보면 도둑놈도 양심은 있었나 보다.

학창시절에 교회에 꾸준히 나간 터라 시집 와서 교회에 못 나가는 것이 항상 마음에 가시가 되어 하나님께 죄송하였다. 마음 둘 곳 없어 절에도 가고 헤매던 중 그 일을 겪으니 문득 "내가 도적같이 오리라"라는 성경 말씀이 떠올랐다.

내가 교회에 안 가서 하나님께서 이런 상처를 주어 나를 부르시는 게 아닐까. 그런 생각에 친구 제자에게 나를 데리고 영락교회에 가달라 했다. 그런 후 어느 일요일, 제자는 남편 차를 타고 우리 집에 와 나를 영락교회에 데려가 주었다. 제자는 찬양대에 있고 나 혼자 예배에 참석했다. 찬송가를 부르는데 얼마나 눈물이 나던지 나는 계속 울었다. 깨달음이 은혜라 했던가? 집에 도둑이 들어 귀한 보석을 다 도난당한 일이, 하나님께서 나를 다시 교회로 인도하시기 위한 계획이 아니었나 생각한다.

그 뒤로 다시 교회에 나가기 시작했다. 남편은 아이들 데리고 교회에 나를 데리러 오긴 했지만 교회에 들어오진 않았다. 그러다 대연동에서 영락교회까지 다니기가 힘들어 우리 집 아주 가까운 곳에 있는 대연중앙교회에 다니기로 했다. 목사님께서 나에게 권사를 하라고 의중을 물으셨지만 나는 조용히 거절하였다. 등록은 했지만 앞집에 시댁 어른들이 살고 계셔서 비공개적으로 거의 몰래 다니던 터였다. 아이들 입시 때면 새벽기도도 나가며 신앙생활을 이어갔다.

그렇게 몇 년이 지나 아버님이 돌아가셨다. 어머님은 신앙생활을 하는 친구분도 있고 해서 내가 교회 나가는 것을 눈치 채시고도 아무 말씀을 안 하셨다.

남산 제일교회

1987년 개척하여 1990년 남산동에 건물을 지은 남산제일교회는 2006년 교회 리모델링을 시작했다. 대대적으로 신·개축을 진행해 현대식 건물로 다시 태어난 교회는 지하 주차장을 둔 4층 건물로, 엘리베이터까지 넣었다. 건물 옆 터까지 확장 공사를 해서 성전도 넓어졌다.

그럭저럭 대연중앙교회도 10년 가까이 다녔을 무렵인 1993년, 지금 살고 있는 구서동 선경아파트로 이사를 왔다. 구서동에서 대연동까지 교회를 다니는 걸 본 남편은 가까운 곳에 다니지 왜 그렇게 멀리까지 가느냐고 나무랐다. 그래서 구서동 여러 교회를 찾아다니다 남산제일교회를 만나게 되었다. 목사님 설교가 비교적 마음에 들었고 집에서도 다니기 좋은 가까운 거리였다.

주일에 몇 번인가 나가다가 사모님께 붙들렸고 결국 등록을 하고 남산제일교회 성도가 되었다. 그때 남산제일교회 담임목사님은 이진철 목사님이셨다. 딸이 피아노를 친다며 사모님께서 레슨을 부탁하셨다. 피아노에 제법 소질이 있어 제자를 소개시켜주고 나도 가끔 가르친 결과 부산예고에 들어갔다. 이후 경성대학에서 공부하고 유학 차 미국 가더니 재미교포와 결혼하여 잘 살고 있다.

1999년 9월 나는 남산제일교회 권사가 되었다. 원래는 교회에 다니면서도 일요일만 가는 성도였다. 학교 재직 시절엔 교회 일에 신경을 쓸 여력이 없었다. 성도 간에 교제도 없었고 학교 신우회에도 참석하지 않았다. 학생을 가르치는 일에 시간을 다 쓰는 와중에 내 개인 연습도 하고 가정도 꾸려가다 보니 그럴 수밖에 없었.

권사가 되면서부터는 오후 예배에도 참석했다. 2007년 정년 퇴임 후부터 교회 생활에 좀 더 익숙해졌고 2007년 가을 이스라엘 성지순례 여행을 다녀오기도 했다. 그때 성도들과도 많이 알게 되었고 교제하게 되었다.

1987년 개척하여 1990년 남산동에 건물을 지은 남산제일교회는 2006년 교회 리모델링을 시작했다. 대대적으로 신·개축을 진행해 현대식 건물로 다시 태어난 교회는 지하 주차장을 둔 4층 건물로, 엘리베이터까지 넣었다. 건물 옆 터까지 확장 공사를 해서 성전도 넓어졌다. 은행 대출을 받아 교회 빚이 많아졌지만 새로운 건물에 모두들 기분이 좋았다. 선임장로님인 이문걸 장로의 공이 컸다.

이때까지만 해도 평탄했던 교회가 하루아침에 난리가 났다. 담임목사님께서 불미스러운 일에 연루되어 사표를 낸 것이었다. 선임장로님이 예배 사회를 보고 다른 목사님들을 모셔다가 예배를 보게 되었다. 이렇게 시끄러운 일이 벌어지자 교인들도 흔들리기 시작했다. 다시 청빙위원회를 구성하고 최종적으로 공동의회를 거쳐 현재 목사님이신 신원욱 목사님께서 위임을 받아 2008년 부임하셨다.

교회는 신 목사님을 맞이하여 새로 출발했지만 무슨 영문인지 또 시끄러워졌다. 선임장로님이 담임목사님을 비롯해 후배 장로님들과 갈등을 빚은 것이다. 결국 선임장로님과 그를 따르던 많은 제직들이 인근 다른 교회로 옮기고 장로님 중 교회의 기둥이셨던 양 장로님도 교회를 떠나게 되었다. 그 이후로는 교회가 차츰 안정되었다.

코로나19로 인해 교회는 많은 수난을 겪었다. 하지만 하나님의 교회는 하나님께서 지키신다는 믿음으로 2023년을 맞았고, 이제 정상적인 예배를 회복하고 있다. 나는 남산제일교회 은퇴 권사로 30년 묵은 성도가 되었다.

남산제일교회 성도들과
2023년 5월 울산으로 효도관광을 다녀왔다.

남편에게
부어 주신
성령 세례

성령께서 고쳐주셨다는 것을 직감했다. 왜 어제 기도 받고 바로 얘기를 해주지 않았느냐 물으니, 남편은 무슨 이런 일이 있나 싶어 이상하게만 생각했다는 것이었다. 이 사실을 목사님께 알렸더니 다음 주 예배 후 병상 세례를 주시겠다 하셨다.

결혼 전 나를 보러 서울에 왔던 남편은 당시 내가 다니던 신일교회에도 와 보았던 터라 내가 교인인 것을 알고 있었다. 결혼 후에는 낯선 부산 땅에 와서 교회를 찾아 나설 주변 상황이 아니고 그때만 해도 신앙심이 그렇게 깊은 것이 아니어서 그럭저럭 지냈다. 그러다 보니 남편은 교회에 관심이 없었다. 내가 다시 하나님의 부르심을 받고 교회에 나가게 된 이후에는 가끔 부활절이나 추수감사절이면 마지못해 나를 따라 나오는 절기 성도였다.

그러던 2009년, 2008년에 부임하신 신원욱 목사님께서 제자훈련이라는 것을 한다고 하셨다. 2007년 2월 정년 퇴직을 했던 나는 당시 몇명의 개인레슨 빼고는 별 큰일이 없어서 제자 훈련에 등록하였다. 평생을 해오던 교육계 종사가 끝났으니 이제부터는 하늘

나라 가는 공부를 하는 것이 좋겠다고 생각했다. 그래서 일주일에 한 번씩 성경공부를 하고 숙제도 하고 시험도 보면서 제법 훈련에 열중하고 있었다.

그런데 그해 들어부터 남편이 어쩐지 힘이 없어 보이기 시작했다. 결혼 후 아파 누운 적이 없는 사람이었고 약사이니 당신 건강은 잘 챙기겠지 하고 믿고 있었다. 그러다 조카 결혼식이 있어 서울에 함께 가게 되었는데, 남편이 날 더러 병원에서 진찰받고 갈 테니 먼저 내려가라는 것이었다. 남편 혼자 진찰을 하고 내려온 며칠 후, 병원에서 연락을 받았다. 진찰 결과 영상에 이상이 보인다며 병원에 다시 와보라는 것이었다. 남편은 친한 친구와 같이 병원을 찾았고 큰 병원에 가보라는 얘기를 들었다. 여의도 성심병원에서 사진을 찍고 검사를 한 결과 췌장암 판정을 받았다.

암 판정을 받고 서울에 가서 첫 번째 항암 주사를 맞은 날 밤, 남편은 아파 죽을 듯 뒹굴며 잠을 못 잤다. 남편이 그렇게 아파하는 것은 처음 보았다. 밤새껏 죽을 만큼 아파했다. 병원 응급실에 가야 하나 마음만 졸이며 아무 것도 못하다 보니 새벽이 되었고 그제야 좀 괜찮아졌다. 그 후에도 남편은 항암 주사를 맞으러 몇 차례 서울 병원을 다녔다. 계속 입원하고 있을 수 없는 상황에서 항암 주사 맞으러 서울까지 다니자니 너무 힘이 들었다. 결국 남편은 부산대학병원 암센터로 옮기게 됐다.

암 판정을 받은 후부터 나는 매일 아침 남편과 같이 예배를 드렸다. 성경 잠언을 읽고 찬송하고 기도했다. 예배 때마다 걷잡을 수 없이 눈물이 쏟아졌다. 남편은 왜 그렇게 우느냐며 나를 달랬지만 주체할 수 없었다. 남편과 함께 예배를 보는 것도 너무 감사하거니와 남편이 같이 앉아 성경책을 소리 내어 읽는다는 것이 너무도 감격스러웠다. 눈물 콧물이 앞을 가려 옆으로 휴지가 쌓여만 갔다.

그러나 안타깝게도 남편의 몸은 점점 안좋아지기만 했다. 결국 봉생병원에 입원하였다. 그곳에서 며칠을 보내는 동안 열이 오르고 기침도 시작됐다. 폐 사진을 찍어보니 폐렴이었다. 의사 선생님께서는 상태가 위중하다며 마음의 준비를 하라고 하셨다. 하늘이 무너지는 것 같았다. 마침 서울에서 내려온 작은아들에게 남편을 맡기고 집에 왔다. 그날 밤, 나는 밤을 새워 통곡하며 하나님께 간절히 기도했다. 아직 하나님을 믿지도 않는 사람을 벌써 데려가시면 어떡하냐며 울부짖었다.

그 이튿날 일요일, 예배를 마치고 목사님과 장로님 네 분이 병원을 찾아오셔서 간절히 기도를 해주고 가셨다. 다음 날, 아침 일찍 찍어 놓았던 영상을 보시고 의사 선생님께서 의아한 표정을 지으시며 말씀하셨다. 폐렴 증상이 없어졌다는 것이었다. 무슨 영문인지도 모르고 남편에게 "폐렴이 나았대요"라고 하니, 그제야 남편이 고백했다. 사실 어제 목사님과 장로님이 오셔서 기도할 때 갑자기 눈에 빛이 나더니 뜨거운 무언가가 목을 거쳐 가슴까지 내려오더라는 것이다.

성령께서 고쳐주셨다는 것을 직감했다. 왜 어제 기도 받고 바로 얘기를 해주지 않았느냐 물으니, 남편은 무슨 이런 일이 있나 싶어 이상하게만 생각했다는 것이었다. 이 사실을 목사님께 알렸더니 다음 주 예배 후 병상 세례를 주시겠다 하셨다. 그날이 2010년 3월 15일이다. 교회 다니는 친척을 불러 함께 예배를 본 후에 입원실에서 세례를 받았다. 그런 후 남편은 병이 호전되어 집으로 돌아왔고 주일이면 나와 함께 교회를 다니고는 했다.

이런 기적을 체험한 후 두 달쯤 흘러 5월의 어느 날이었다. 아침에 교회 간다고 밖엘 나갔는데 남편이 심상치 않았다. 눈을 보니 분명 황달이 온 것이었다. 교회에 다녀와서 급히 봉생병원에 입원해 여러 가지 시술도 해보고 처치를 해보았지만, 끝내 회복을 못하였다. 그렇게 2010년 6월 30일 남편은 다시 못 올 길을 떠나셨다.

이처럼 남편은 예고도 없이 찾아온 치명적인 암으로 8개월간 치료 아닌 치료만 하다가 먼 길 떠나셨다. 그래도 마지막 3개월간 하나님 기적을 경험하고 예수를 믿게 되었으니 천국에 가셨으리라 믿는다. 돌아가시기 전에 아들들에게 예수 믿으라고 유언도 했다. 아들들은 어머니 권고로 그러셨겠지 하며 아직도 마음이 열리지 않고 있다. 내가 계속 기도하고 있으니 하나님께서 아들들도 구원해주시리라 굳게 믿는다.

김해 단감농장 (반곡농원)

단감나무 밭의 규모는 얼마 안 되었지만 산 전체는 제법 큰 산이었다. 아버님께서는 매일 점심을 싸 다니시면서 농장 개발에 적극적으로 매달리셨다.

시아버님께서는 공무원 은퇴 후 "공무원에서 벗어나니 할 일이 너무 많이 보이고 자유롭다"고 하셨다. 퇴직 후에 신용금고를 경영하시는 등 여러 일을 하시던 아버님은 김해와 진영 사이의 단감나무 산을 구입하셨다. 단감나무 밭의 규모는 얼마 안 되었지만 산 전체는 제법 큰 산이었다. 아버님께서는 매일 점심을 싸 다니시면서 농장 개발에 적극적으로 매달리셨다. 산을 개척해 길과 도랑을 내고 산 전체에 묘목을 심어 어린 감나무를 키우시면서, 10년만 지나면 감을 수확하게 된다고 기뻐하셨다.

그렇게 일궈낸 농장 반곡농원의 농사는 남의 손에 맡기셔야 했다. 직접 농사를 짓지 않다 보니 농사가 힘만 드셨지 수입엔 별 도움이 안 되고 지출이 많은 것 같았다. 우리 자식들은 농장 경영에

도움을 드릴 수 있는 상황이 아니었다. 대신 어머님께서 아버님을 따라다니셨는데, 힘이 드실 때면 나중에 자식들에게 힘든 일 남긴다고 염려하시고는 했다.

어쨌든 아버님의 열정은 정말 대단하셨다. 젊어서 고향인 고성군 영오면에 우체국도 세우셨고 수리조합 일로 큰 저수지도 만드셨단다. 그런 경험이 있으셔서 농장 경영도 가능하셨던 것 같다. 그러다 아버님께서 갑자기 돌아가신 후 남편이 그 뒤처리로 농장 경영을 맡았다. 손에 물 안 묻히고 살아온 사람이 농장 경영을 하기란 쉽지 않았을 것이지만 남편은 열심이었다. 지표수 물만 사용하기가 힘들다며 지하수를 파서 퍼 올리니 마냥 물이 쏟아져 올라오는 기쁜 일도 있었고, 김해시에서 저지대에 흙이 필요하다며 우리 산에서 흙을 파서 가져가는 일도 있었다. 덕분에 높은 언덕을 하나 헐어 길가에 넓은 평지를 만들어서 농장 땅값을 올리기도 했다. 하지만 아버님 때처럼 농사를 직접 짓지 않고 남의 손에 맡긴 터라 우리에게는 별 수입이 없었다. 다만 땅과 산이 있을 뿐이었다.

남편이 병중에 있을 때인 2009년 여름 경남지방에 대홍수가 났다. 농장 한쪽 돌산에 물이 쏟아져 내려와 바위들도 함께 무너져내렸다. 그 바람에 도랑이 무너져내려 축대 쌓고 정리하느라 오히려 돈이 많이 들었다. 그때 그 일을 처리해준 분이 변인상이라는 건축 기사로, 남편 돌아가신 후 나에게 큰 힘이 되어 주고 있다.

반곡농원에는 무엇보다 우리 가족묘가 있었다. 시골의 선친 묘는 너무 멀다며 아버님께서 반곡농원에 가족묘를 만드신 것이었다. 남편도 역시 부모님이 계신 이곳에 모셨는데, 장례 후 약 3년이 지난 어느 날 묘에 갔더니 웬 종이가 붙어 있었다. 내용인즉 우리 산이 김해시에 수용되었으니 묘지를 이장하라는 것이었다.

시부모님과 남편, 그리고 먼저 간 시동생까지 네 분의 묘를 이장해야만 했다. 남편도 가고 없는데 갑자기 이런 일이 벌어지니 청천벽력 같았다. 그땐 큰아들이 GS칼텍스 구미공장 사장으로 있을 때로, 할 수 없이 아들이 나서 정리를 했다. 이장지는 고향인 영오면의 선친 묘역으로 정해졌다. 선친 계신 묘역은 고향집과 500미터 정도 떨어진 우리 산에 있었다. 조부모님과 먼저 가신 아버님 형제분들이 모셔져 있던 터라, 묘역을 다시 정비해 네 분을 모셨다. 이렇게 시아버님이 열과 성을 기울여 만든 반곡농원은 우리 품을 떠났다.

—— "헛되고 헛되며 헛되고 헛되니 모든 것이 헛되도다. 사람이 해 아래서 수고하는 모든 수고가 자기에게 무엇이 유익한고. 한 세대는 가고 한 세대는 오되 땅은 영원히 있도다.   - 전도서 1장 2절~4절 말씀

고성 고향 생가 개축

이곳에는 시할아버님께서 지으시고 아버님께서 태어나신 오래된 집이 남아 있다. 남편도 이 집에서 태어났다. 내가 시집왔을 때는 시할머님 혼자서 그 넓은 집에 살고 계셨다.

    남편의 고향 동네는 서씨 집성촌이어서 일가친척이 함께 살던 동네지만 지금은 도시로 거의 다 이사 나갔고, 조용한 시골로 있는 형편이다. 그래도 조금 나가면 넓고 큰 냇물이 있고 들판이 넓은 지역이어서 비닐하우스 농사를 짓고 살기에 좋은 지역인 것 같다. 대전 통영 간 고속도로가 뚫리면서는 연화산 톨게이트가 바로 500미터 내에 들어섰고 교통도 편리한 곳이 되었다.

    이곳에는 시할아버님께서 지으시고 아버님께서 태어나신 오래된 집이 남아 있다. 남편도 이 집에서 태어났다. 내가 시집왔을 때는 시할머님 혼자서 그 넓은 집에 살고 계셨다. 어머님과 작은 시누이, 그리고 남편을 따라 처음 시골에 갔을 때 그 집도 처음 보았다. 넓은 기와집이 인상적이었지만 전기조차 없어 호롱불을 켜고 자면서 영

생가 개축 후

산소 정비 후 시골에 자주 가게 되면서 오래된 시골 집의 문제들이 눈에 들어오기 시작했다. 지붕부터 갈아야겠다는 생각에 흙으로 된 곳간을 헐고 신식 기와를 얹었다. 5년에 걸쳐 집다운 집으로 개축을 하게 되었다.

화 장면 같다고 느꼈던 기억이 있다.

　시할아버님께서는 만석꾼이셨다. 그 넓은 논과 밭에 수확량도 많아 어려운 시절 많은 이웃을 도우셨다고 한다. 그래서 고성군에 가면 할아버지 공덕비도 세워져 있다고 하는데 나는 아직 가보지 못했다. 시할머님을 부산으로 모셔온 이후로는 이 사람 저 사람이 시골 집을 관리하며 농사를 지었다.

　그러다 산소 정비 후 시골에 자주 가게 되면서 오래된 시골 집의 문제들이 눈에 들어오기 시작했다. 당시 남편의 6촌 아저씨가 집을 관리하고 있었는데 집이 너무 오래되어 지붕에서 빗물이 새는 등 곧 폐가가 될 지경이었다. 지붕부터 갈아야겠다는 생각에 흙으로 된 곳간을 헐고 신식 기와를 얹었다. 그러니 훨씬 깨끗해 보였다.

　하는 김에 김해 농장에서 축 담을 쌓았던 변 부장에게 개축까지 부탁했다. 변 부장이 옛날 집을 살린다고 무척이나 애를 써주었고, 5년에 걸쳐 집다운 집으로 개축을 하게 되었다. 새로 지은 집은 아니다 보니 완벽하게 만족스럽지는 않지만 그런대로 괜찮게 수리되었다. 본채, 사랑채, 아래채 등 세 동이 큰 마당을 가운데 두고 있는 그럴 듯한 모습이다.

부산 음악 콩쿠르

부산음악콩쿠르의 역사는 1982년 시작되었다. 당시 문공부에서 부산과 대구, 광주 등 전국의 큰 도시 세 곳에 음악 콩쿠르를 만들어 주었다. 부산은 기악 중심의 콩쿠르, 대구는 성악, 광주는 국악을 중심으로 야심 차게 시작하였다.

　남편이 가신 후 2011년 어느 날 MBC 방송국에서 전화가 왔다. 전화한 이는 육선주 사업국장이었다. 부산음악콩쿠르 창설 이후 운영위원장을 맡아오신 제갈삼 교수님께서 이번에 그만두시며 나를 추천하셨다고, 의중을 물었다. 그때는 남편과 사별하고 몹시 슬퍼하고 있을 때라 잠시 고민을 했다. 하지만 학교도 정년을 하였고 명예직이라는 생각에 제안을 받아들였다.

　부산음악콩쿠르의 역사는 1982년 시작되었다. 당시 문공부에서 부산과 대구, 광주 등 전국의 큰 도시 세 곳에 음악 콩쿠르를 만들어 주었다. 서울은 이미 동아 콩쿠르 등 음악 인재 등용을 위한 많은 콩쿠르가 있던 터라 제외되었다. 부산은 기악 중심의 콩쿠르, 대구는 성악, 광주는 국악을 중심으로 야심 차게 시작하였다. 그 후

몇 년간을 문공부에서 지원해주다 어느 때부터인가 각 도시에서 운영하도록 맡겼다. 지자체 지원을 받게 된 것이다. 이에 부산 콩쿠르는 부산시가 주최하고 MBC 방송국이 주관하는 것으로 바뀌었다.

기악 부문만을 겨루는 전국 규모의 콩쿠르이다 보니 피아노, 바이올린, 첼로, 금관악기(트롬본, 트럼펫, 혼 튜바 등), 목관악기(플룻, 오보에, 클라리넷, 바순) 등 각 악기의 범위가 상당히 넓다. 전국에서 모이는 학생만 해도 매년 200명 이상이다. 대회의 운영위원은 각 악기별로 전국에 계신 교수님으로 구성되어 있으며(약 여덟 분) 지정곡을 정하고 심사위원을 추천한다. 심사위원은 전공별로 대학교수 다섯 분씩을 위촉한다. 그 일이 가장 힘든 일이기도 하다. 나는 운영위원장을 5년쯤 하고 그만두려 했는데 5년을 더 연임해달라는 요청에 10년을 채웠다. 그리고 2021년 사임하여 지금은 다른 교수님께서 맡고 계신다.

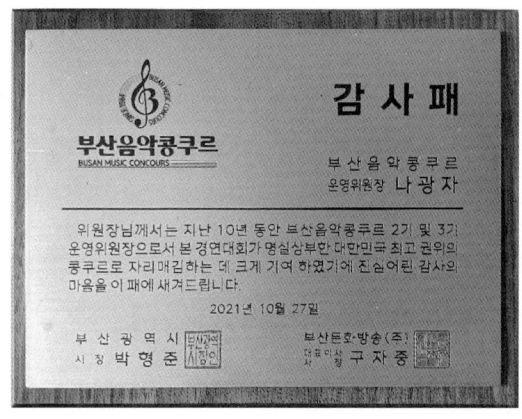

부산음악콩쿠르 감사패

단발머리 친구들

대전에서 보낸 하룻밤은 정말 즐거웠다. 이미 할머니들이 된 친구들은 모두 여고시절로 돌아간듯 밤을 새워 얘기 꽃을 피웠다. 특히 친구들이 나를 보고 얼마나 좋아하는지 그동안 친구들에게 무심했던 내가 부끄럽고 미안했다.

　　나는 대전서여자고등학교 4회 졸업생들과 모임을 이어오고 있다. 친구들과 함께하는 채팅방 이름이 '단발머리 친구들'로, 지금은 모두 80살이 넘은 할머니들이다. 그 시절만 해도 여자가 고등학교에 가는 것이 쉽지는 않았다. 우리 부모님 시대 여자들은 대부분 학교에서 신학문은 배우지 못했다. 초등학교도 못 보내거나 안 보내는 가정이 많았다. 그렇게 부모님들이 공부를 못 한 것이 한이 되어 자녀들을 학교에 적극 보내게 된 것으로 안다. 초등학교 교육이 의무화 되면서 우리나라의 문맹률은 현저히 낮아지게 되었다. 아무튼 우리 단발머리 친구들은 부모님 잘 만난 복으로 그 시대에 고등학교까지 다닐 수 있었다. 학문도 쌓고 추억도 많이 만들었다.

　　나는 고등학교 졸업 후 서울의 대학교에 진학하면서 자연히 대전 친구들과 멀어지게 되었다. 우리 동창 중에는 나처럼 서울의 대학에 진학한 친구들이 많은 편이다. 특히 이화여대에는 열 명 가까이 갔고 서울대학교에는 서너 명이, 연세대에 간 친구도 있다. 서울로 진학했다고는 해도 각자 멀리 떨어져 살고 학교나 학과가 다르다 보니 이 친구들 역시 만날 기회가 잘 없었다. 나는 특히 피아노 연습에다 아르바이트까지 하다 보니 친구를 만날 시간은 아예 없다시피 했다.

게다가 공부를 마치고는 멀리 부산까지 시집을 왔으니 대전 친구들은 거의 만날 수 없었고 거의 잊어버리고 살았다. 지금처럼 각자 휴대폰을 가진 시대도 아니었고 몇몇 친한 친구 외에는 연락도 없었다. 모두들 시집가서 아이 낳고, 키우고, 학교 보내고, 또 가정생활에 바빠서 우리는 그렇게 한 세월 보냈다.

그러다 내가 정년을 할 즈음 대전 친구들 몇 명이 부산에 놀러 왔다. 그 친구들 그룹에 부산에 사는 김금자도 있었고 나에게 연락해 친구들이 해운대 호텔에서 하룻밤 자고 간다고 얘기해 주었다. 금자는 앞서 얘기했던 대로 부산에 사는 단 하나뿐인 서여고 동창이다. 남편이 우리 서여고 생물 선생님이셨던 분으로, 선생님과 식사도 하고 계속해서 만나게 되었다. 아무튼 옛날 친구들을 오랜만에 부산에서 만나 보니 너무 좋기도 하고 다른 동창들도 그리워졌다. 그래서 이번에는 나와 금자가 같이 대전에 가기로 하고 동창들을 만났다.

대전에서 보낸 하룻밤은 정말 즐거웠다. 이미 할머니들이 된 친구들은 모두 여고시절로 돌아간듯 밤을 새워 얘기 꽃을 피웠다. 특히 친구들이 나를 보고 얼마나 좋아하는지 그동안 친구들에게 무심했던 내가 부끄럽고 미안했다. 내가 부산 사람이 되는 바람에 많이 섭섭했던 모양이었다. 그날 우리는 모임을 만들고 내가 회장을, 윤방자가 총무를 맡았다.

그 후 우리는 봄가을로 한 번씩 만나기로 하였다. 대전에서도 만나고, 수원에도 가고, 대전 친구들이 부산 해운대에 오기도 했다. 충주 사는 친구 이청자가 있어 충주 댐도 구경하고 경주에서 만나 버스를 타고 백암온천에 가기도 했다. 같이 목욕하고 산보도 하면서 우리 우정은 더욱 깊어갔다. 나중에는 대구 친구 곽문자를 비롯해 서울 친구들도 합세하며 식구가 제법 많아졌다.

대전 피아노듀오협회 주관으로 열린 음악회에 초대되었을 때도 친구들이 연주회장을 찾아와 주었다. 나는 차미소란, 최윤희 그리고 조현선 교수 등과 함께 대전 배재대학 강당에서 쌍쌍곡 <동물의 사육제>를 연주하였다. 그날 밤 대전에서 하룻밤 모임을 했다.

우리들의 마지막 모임은 2019년에 있었다. 그날 우리는 부산역에 모여 대절한 미니버스를 타고 거제도 이수도에 갔다. 거제대교를 지나 얼마 안 가서 내려가면 부두가 있다. 주민등록증을 보이고 등록을 한 뒤 배를 타고 10분 정도 가는 거리다. 잠깐이지만 배를 타니까 여행이 한층 멋있어졌다. 점심상이 차려져 왔다. 서울에

단발머리 친구들

서나 대전에서 경험 못한 해물로 가득한 상에 친구들이 정말 좋아했다. 사진도 찍고 맛있게 먹고 저녁상도 거창하게 받았다.

그날 숙소는 폐교된 학교 교실이었다. 잔디밭에서 공놀이도 하고, 등대도 가보고 달빛 아래에서 재미있는 시간을 가졌다. 커다란 교실 한 방에 모두 모여서 잤다. 스무 명이나 되는 친구들이 누워서 자는 모습에 흐뭇하였다. 나는 회장이고 책임자라 여행 나온 할머니들 잘 모셔야 한다는 생각에 잠도 제대로 못 잤다. 그래도 즐거웠다. 이렇게 하루를 보내고 부산역에서 헤어졌다. 서울로, 대전으로, 대구로, 충주로 각자 집으로 돌아갔다. 총무 윤방자는 친구들 가는 길 늦지 않게 기차표를 사느라 정신이 다 빠져서는, 자기 짐도 못 챙길 정도로 애 쓰다가 대전으로 갔다.

아! 이렇게 그리운 친구들과의 여행도 그것이 마지막이었다. 코로나라는 역병 때문에 3년을 못 모인 것이다. 이제는 모두 몸도 편하지 않아 모이기가 힘들 것 같다.

'단발머리 친구들'이라는 채팅방 이름은 안화미가 지어주었다. 화미는 특별히 나를 좋아하는 친구이자 나에게는 믿음을 심어준 영원한 은인이기도 하다. 이 회고록도 화미의 간절한 권유로 쓰게 되었다. 2021년에는 화미의 아들이 『아들아! 살아보니 사랑이더라』는 책을 써서 화미 부부의 생애를 기록했다. 몸도 불편하고 남편이 노환 중인데도 항상 나에게 전화를 하여 용기를 주는 친구다. 이런 귀한 친구를 주신 하나님께 감사한다.

지난해 또 대전에서 연주할 기회가 있어 대전에 간 일이 있다. 음악협회 주최로 예술관에서 진행한 연주회였다. 할머니들 불러내기가 미안해서 연락을 하지 않았더니 화미가 나서서 친구들이 또 다 모였다. 친구들이 모이면 학창시절 이야기가 나오기 마련이다. 한 친구는 내가 초등학교 때 고무줄 넘기를 너무 잘했다고 얘기했다. 학창시절 나에 대한 기억을 얘기할 때면 고맙고 친구들이 더욱 귀하게 느껴진다.

'단발머리 친구들' 채팅방에서 소통하며 서로 좋은 글로 마음을 나누며 지낼 수 있어 그나마 위안이 된다. 친구들 모두 건강하고 남은 여생 행복하기를 기원한다.

부록

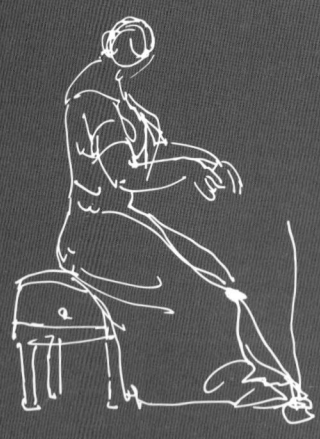

부산 음악인 단체

한국음악협회 부산지부

한국음악협회는 한국예술총연합회의 음악분과로 부산지부를 두고 있다. 부산지부는 1975년 김창배 지부장이 1회 지부장으로 1979년까지 일하셨다. 2대 지부장 이홍기 때까지는 매우 미약하게 활동하다가 3대 하오주 지부장 때부터 임기가 3년으로 정해지고 회원도 늘어가면서 협회 조직이 이루어져갔다. 4대 제갈삼 지부장 때부터 활성화되어 현재 17대 권성은 지부장까지 이어오고 있는 부산에서 가장 조직화된 단체가 되었다. 부산시에서 예산 지원을 받지만 부족하다고 한다. 배승택 지부장 때 나를 다음 지부장으로 지목하여 권유했으나 나는 굳게 사양했다. 이승호 지부장이 되면서 회원들의 적극적 지원을 얻어 부산마루국제음악제를 부산시로부터 탄생시키는 큰 일을 했다. 부산음악협회의 가장 큰 공적이다.

이어 고정화 지부장이 많은 활동으로 음악협회를 운영할 때 2011년 3월에 부산예술회관이 건립되어 예총 산하 12단체들이 함께 있으면서 부산예술인들의 공간으로 활용되고 있다. 부산예술문화단체 총연합회에서 출간되는 「예술부산」이라는 월간 잡지에 음악협회 활동도 소개되고 있다. 나는 제갈삼 지부장 때 부산음악상을 받았다.

부산음악교육협회

부산음악교육협회는 세계국제음악교육협회(ISME)에 한국 음악교육협회 부산지부로 운영되고 있는 단체이다. 고 조상현 국회의원께서 회장으로 계실 때인 1990년 헬싱키에서 세계 대회를 할 당시 부산지부에서도 이언도 회장과 제갈삼, 서경희, 나광자 등 여러 명이 참석할 기회가 있었다. 대단히 큰 행사였고 각국에서 모인 음악교사들의 적극적인 후원 협회였다.

핀란드 헬싱키에 이어 1992년 서울에서 대회를 개최했는데 정말 보람있게 진행되었고 우리 부산에서도 많은 인원이 참석했다. 나도 가은페다고지 회원을 데리고 참석했다.

조상현 회장님께서 돌아가신 후 협회 활동이 별 행사가 없는 듯하다.

부산협회는 이제 후배들에게 이어져 현재 김소형 동의대 교수가 2023년부터 회장을 맡고 있다. 다른 행사는 없고 1년에 한 번씩 개최하는 음악콩쿠르로 명맥을 유지하고 있다.

| **기고글** |

「부대신문」 1976년 5월 24일 '효원 춘추' 게재

어떻게 들을 것인가

나는 명동으로 가는 길을 열심히 뜀박질하여 겨우 YMCA회관을 찾을 수 있었다. 시골서 갓 올라온 여대생이 복잡한 서울 거리에 서툰 것은 당연한 일, 내가 회관에 도착했을 때 이미 연주는 시작되어 있었다. 조용히 2층에 올라가 연주를 듣기 시작했으나 음악회를 많이 구경하지 못한 나는 연주되는 곡을 알아듣기가 쉽지 않았다. 억지로라도 열심히 듣고 이해하려 했지만, 시간이 감에 따라 사라지는 소리를 귀에 담아두기란 몹시 어려웠다. 그날은 CHOPIN ABEND로, 쇼팽의 곡만 연주하는 음악회로 기억되는데 지금 생각하니 그다지 어려운 곡도 아닌 것 같다.

그 후 나는 음악회라면 시간이 허락하는 한 열심히 다녔다. 한 번은 이화여대 강당에서 미국의 유명한 피아니스트 제르킨의 연주가 있었다. 나는 그때 처음으로 훌륭한 연주란 어떤 것인가를 알았다. 본래 연주란 남의 작품을 재연하는 것으로 작곡자의 창작 이념과 작품 속의 형식미와 내용미를 최대한으로 살려 연주자들의 숙련된 기교로써 전개해 나가는 것이다. 이때 연주자의 기교가 훌륭하다 하더라도 음악성이 부족하다면 만족스러운 연주는 기대하기 어려울 것이다. 지난번 우리나라의 피아니스트 백건우 씨의 리사이틀에

가보신 분은 내가 말하고 싶은 열연, 바로 그 맛을 미루어 알 수 있으리라 생각한다.

문학작품이 독자와 함께 공감하는 데 그 의의가 있다면 연주 역시 청중을 이해시키고 공감시킬 수 있는 설득력이 필요한 것은 당연하다. 그리고 연주회에 갈 때는 예비지식을 갖고 임하는 태도는 상당히 연주에 호감을 가질 수 있는 방법이 되겠다. 모르는 곡이라도 곡의 흐름을 열심히 추구하여 가노라면 거기에 산, 그리고 강물과 들이, 평화와 투쟁과 사랑이 속삭이게 마련인 것이다. 내가 지금도 잊을 수 없는 음악회는 졸업하던 해의 런던 심포니의 연주였다. 집으로 돌아와서도 잠을 이룰 수가 없었다. 그들의 진지한 연주 광경이 눈앞에 전개되는 것이다. 어쩌면 그렇게도 음악의 세계가 황홀할 수 있었던지! 학창 시절을 보람 있게 보내는 데는 각자의 전공과 취미에 따라 다르겠지만 가끔 좋은 음악회를 골라 감상하는 것도 보람 있는 일이라 생각한다.

지난해 음악과 교내 발표회 때 나는 크게 실망한 일이 있다. 조용히 감상해야 할 음악회장에 대부분의 학생들이 마치 다방에나 들렀다 가는 식으로 몰려 들어 와선 한두 프로 듣고 나가고 또 들어와서 나가기를 계속하지 않는가. 우리 학생들의 이러한 잘못을 어떻게 계몽할 수 있겠는가. 그 연주를 하기 위하여 매일 같이 연마한 능력으로 제한된 시간에 모인 청중에게 최선을 다하는 연주회장을 그런 식으로 소홀히 대한다면 연주하는 그들에겐 얼마나 서운한 일이겠는가. 음악은 단지 놀이가 아니오, 마음속 깊숙한 곳으로부터 우러나오는 예술임을 우리는 인식하여야 하겠다. 다행히 우리 부산에서도 요즘 꽤 좋은 음악회가 많이 열리고 있어 그것을 놓치지 않고 쫓아다니기도 제법 바쁘게 됐다.

언젠가 외국인 지휘자가 왔을 때 관광객이 거의 학생이어서 미안하다는 뜻을 전했더니 그의 말인즉, 외국의 젊은이들은 소위 말하는 유행 음악만 좋아하고 클래식을 찾지 않는 경향인 데 반해 앞으로 성인이 될 학생들이 클래식 음악을 애호하고 있으니 희망적이 아니겠느냐고 말했지만! 아무쪼록 그렇게 되어 주었으면 오죽 좋을까.

「한대학보」 1973년 5월 23일 '교수 수필' 게재

연습실

강의시간(講義試間)이 끝났다. 각 연습실(練習室)에서 약속이나 한 듯이 왕왕대기 시작한다. 마치 현대음악(現代音樂)의 극치를 이룬다고나 할까. 내가 작곡(作曲) 공부를 하였더라면 이런 분위기를 마음껏 오선지(五線紙)에다 표현(表現)해 볼 수도 있으련만…. 나는 연습실(練習室) 한 모퉁이에 자리 잡은 방에서 문득 이런 생각을 하여 본다.

새벽처럼 일어나 찬물에 더운 밥을 말아 훌훌 마시듯 요기를 하고 그대로 연습실(練習室)로 달리던 그때의 내 모습을… 여름이면 못 견디도록 더웠고 겨울이면 손가락이 아리도록 추웠던 일들.

그러나 마음은 언제나 설레고 즐거웠던 것이다. 한 주일 동안 렛슨날을 기다

리며 준비하는 마음은 오직 벅차고 부풀어오를 뿐이었다.

지금 내 방으로 들려오는, 연습실(練習室)에서 울려오는 이 현대음악(現代音樂)도 모두 그때의 내 심정과 같은 마음들이 모여 이루어놓는 하모니임에 틀림이 없을 것이다.

그들의 음악 수준이야 높든 낮든 그리고 서로들 사이의 실력(實力)에 차이(差異)가 있든 말든 오늘보다 더 향상된 내일의 영광을 위하여 발버둥치는 아우성이 바로 지금 내 귀로 들려오는 음향들일 것이다.

모든 예술(藝術)이 그렇듯이 음악(音樂)도 역시 미지(未知) 속의 음(音)의 세계(世界)를 향하여 미적(美的) 감정(感情)을 추구해 나감으로써 계속 좋은 음악(音樂)을 만들어내고 있는 것이다.

예술(藝術)의 미(美)란 결코 아름다움 그것만을 뜻하는 것이 아니다. 오직 인간(人間)의 양심(良心)의 깊숙한 곳에 비추어 공감(共感)하고 감탄(感嘆)할 수 있을 때 그것이 비록 추하거나 슬프다 해도 예술(藝術)일 수 있는 것이다.

우리는 종종 훌륭한 음악회(音樂會)에 갔다가 매우 공감적(共感的)인 음악(音樂)을 감상(鑑賞)하고 집에 돌아와서는 왠지 모르게 잠을 이룰 수 없었다는 이야기를 듣는다. 그것은 마치 부흥회에서 은혜를 받았다는 이야기와도 비슷한 것이리라.

우리들의 가슴 속으로 깊이 파고드는 뜨거운 감동(感動)! 그것이 우리들로 하여금 잠 못 이루게 하는 것이다. 그러나 안타까운 일은 이러한 감동(感動)이 모든 사람들에게 한결같이 나타나는 현상이 아니라는 점이다. A는 몹시도 감탄(感嘆)한 나머지 그만 울어버리기도 하며 B는 다른 공상(空想)에 젖어 무의미(無意味)하게 지나칠 수도 있다. 그러니까 결국 예술(藝術) 감상(鑑賞)의 척도는 연마(練磨)된 인간성(人間性)과 환경(環境)의 지배(支配)를 받는 것이라 생각된다. 인간성이나 환경 면에서 가장 바람직한 상태에 있을 때 차원(次元) 높은 영혼의 세계(世界)까지 도달할 수 있는 것이며 그러한 상태에서만이 예술(藝術)의 참다운 가치(價値)를 음미하고 창조할 수 있는 것이다.

그러나 인간(人間)의 수명이란 유한(有限)한 것이어서 차원(次元) 높은 영혼의 세계(世界)에 도달하겠다는 희망(希望)은 안타까운 일이지만 꺾이고 마는 것을 어찌하랴! 가령 베토벤이 지금껏 살아 있다면 얼마나 더 감동(感動)적인 예술(藝術)을 만들어낼 것인가?

이상(理想)은 무궁하지마는 현실(現實)은 냉정하게도 그것을 용납하지 못하는 것이다.

우리가 훌륭한 음악을 들을 때 또 한 가지 느낄 수 있는 것은 극히 자연스럽다는 것이다.

우리는 인간생활(人間生活)의 어떤 면에서 이 자연스러움에 대해 아쉬운 느낌을 가질 때가 많다. 진실(眞實)과 자연(自然)이 소외된 생활(生活)의 모습을 통해 우리는 결국 허무(虛無)밖에 더 느낄 수 없는 것이다. 인간(人間)의 진실(眞實)한 생활(生活) 모습을 반영(反映)한 문학작품(文學作品)을 읽고 반성(反省)과 감동(感動)을 동시(同時)에 일으키는 것은 그만큼 거짓된 환경 속에서 살고 있었음을 의미(意味)하는 것이다. 가장 진실(眞實)하고 자연스러움 그것이 바로 진리(眞理)요 예술(藝術)인 것이다. 호화롭게 가장(假裝)한 예술(藝術)은 눈부신 빛을 발산(發散)한다손 치더라도 결코 그것이 진리(眞理)일 수 없으며, 예술(藝術)일 수는 없는 것이다. 진실(眞實) 속의 자연(自然)… 그것을 갈고 만들고 음미하기 위하여 우리는 오늘도 고통(苦痛)과 역경 속에서 땀을 흘리고 있는 것이다.

지금 연습실(練習室)에서 퍼져 나오는 이 복잡한 소리들이 아무쪼록 머지않은 날 잘 정리되고 어울려져서 그것이 향기(香氣) 그윽하고 소박(素朴)한 예술(藝術)을 이루어 많은 사람들의 마음을 조용히 어루만져줄 수 있게 되기를 바라는 마음 간절하다.

개인 독주회와 공연

나는 2, 3년에 한 번씩 독주회를 개최하였다. 매년 학교에 연구 실적을 내려니 단체 연주는 물론 독주회도 꾸준히 해야 했다. 진행하였던 개인 독주회들과 그 외 참여한 협연 및 단체 연주를 정리하여 소개한다.

1996	▶ 5월	▶	**나광자 피아노 독주회** 부산문화회관 대강당
1997	▶ 6월 29일	▶	**일본 국제 듀오협회 총회 듀오 연주** 일본 소평시 시민문화회관
	▶ 8월 9일	▶	**프랑스 여름 캠프 플롯 독주 반주**
1998	▶ 7월 20일	▶	**나광자 피아노 독주회** 서울 예술의전당 리사이틀홀
	▶ 9월 20일	▶	**부산신포니에타 제30회 정기연주회** Bach 바하 브란덴부르크 콘첼토 NO.5 부산문화회관 중강당
	▶ 12월 8일 / 15일	▶	**슈만 피아노작품 연주회** 가은아트홀
1999	▶ 4월 11일	▶	**나광자, 김지령 효원 오케스트라 협연** Concerto for 2 Pianos Mozart K365 부산문화회관 중강당

1999	9월 9일	부산대학교 음악학과 교수음악회
		부산대학교 효원회관
	9월~12월	제5회 가은아트홀 기획연주회
		쇼팽 피아노 작품 매주 월요일 총 11회
	10월 7일	한국피아노학회 정기연주회 부산경남지부 초청 연주회
		1회 1998년 11월 18일 / 2회 1999년 10월 7일
		예술의전당 리사이틀홀
	11월 15일	제2회 가은아트홀 나광자 피아노 독주회
		쇼팽 마주르카, 음반 제작
2000	8월 28일	제6회 가은아트홀 기획연주회 독주회
		Bach 15 인벤숀, 15 신포니아스 / 2성 15곡, 3성 15곡
2001	7월 26일	가은아트홀 나광자 렉쳐 리사이틀
		베토벤 피아노 소나타 Op,31 No.3
	12월 10일	나광자 피아노 독주회
		이상근 피아노 작품집 출판기념 및 음반제작
		동래문화회관 대극장
2003	12월 27일	나광자, 전은주 듀오 리사이틀
		부산대학교 예술대학 소강당
2004	6월 12일	미국 새크라멘토 한인합창단 기획 공연
		피아노 연주자로 초대
		미국 캘리포니아 리들리오페라하우스
	12월 20일	나광자 피아노 독주회
		부산대학교발전기금 모금을 위한 독주회
		금정문화회관 대공연장

2005	4월 26일~27일	제29회 부산피아노듀오협회 정기연주회 부산문화회관 중극장
2006	10월 23일	나광자 피아노 독주회 부산 금정문화회관 대공연장
	10월 26일	나광자 피아노 독주회 대전 문화예술의전당 앙상블홀
	11월 30일	나광자 교수 정년 고별 특강 <베토벤 피아노 소나타 "고별"(op.8l)의 표제적 성격> 부산대학교 예술대학 음악학과 326호
	12월 16일	한국 베토벤 협의회 창단 1주년 기념연주회 서울 영산아트홀
	12월 27일	아시아 그랜드피아노 콘서트 예술의전당 콘서트홀
2007	2월 12일	나광자 교수 정년기념음악회 부산문화회관 중극장
2018	9월 23일	나광자 피아노 독주회 부산대학교 음악관 연주홀
2022	4월 23일	나광자 피아노 독주회 가은아트홀 (구서동)

표창과 수상

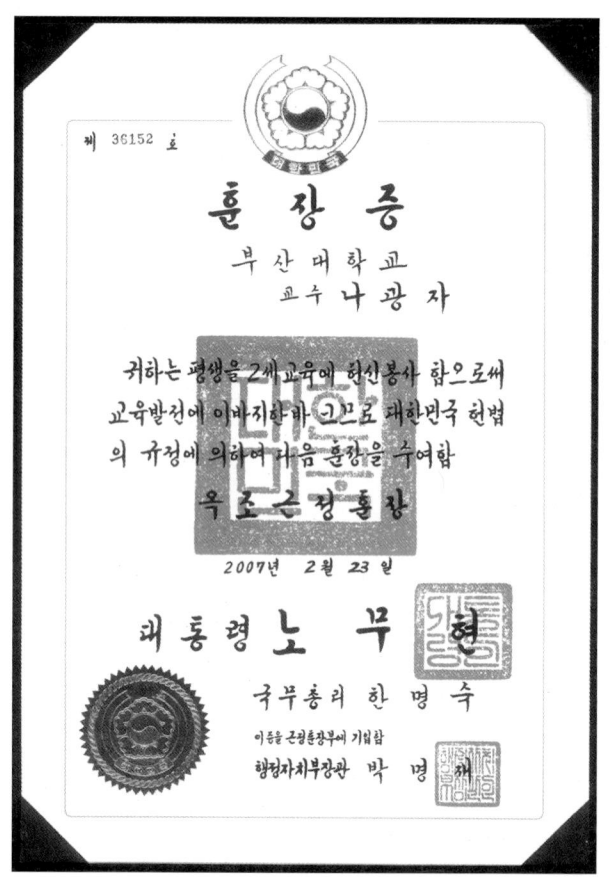

2007년 옥조근정훈장 훈장증

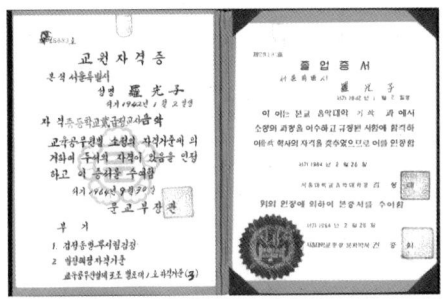

1964년 서울대학교 졸업증서 및 교원자격증

1983년 효성여자대학교 석사학위 과정 학위기

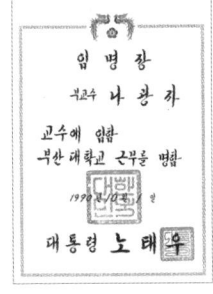

1990년 부산대학교 교수 임명장

1991년 부산음악상(연주 부문)

2002년 부산대학교 표창장

부산시 공연장 개관 연혁

1973
부산시민회관
부산 동구 자성로133번길 16
대극장 1,606석 외

1988
부산문화회관
부산 남구 유엔평화로76번길 1
대극장 1,417석 외

1999
동래문화회관
부산 동래구 문화로 80
대극장 505석 외

2000
금정문화회관
부산 금정구 체육공원로 7
대공연장 880석 외

2002
을숙도문화회관
부산 사하구 낙동남로1233번길 25
대공연장 709석 외

2007
해운대문화회관
부산 해운대구 양운로 97
458석

2011
부산예술회관
부산 남구 용소로 78
공연장 240석

2012
영도문화예술회관
부산 영도구 함지로79번길 6
국민체육센터
대공연장 428석 외

80년 세월이
가져다준 선물들

피아니스트 나광자 회고록

1판 1쇄 2023년 6월 15일

지은이 나광자

펴낸이 박미화·박수정 | **펴낸곳** 미디어줌
등록 2011년 11월 18일 제 338-251002009000003호
주소 부산광역시 수영구 수영로 440 (남천동)
전화 051-623-1906 | **팩스** 051-623-1907
이메일 mediazoom@naver.com
홈페이지 www.mediazoom.co.kr

진행책임 안서현 | **북디자인** 곽소록 | **교정·교열** 임정서

ISBN 978-89-94489-71-1 (03810)

이 책의 판권은 저자와 출판사에 있습니다.
이 책 내용의 전부 또는 일부를 재사용하려면 반드시 양측의 서면 동의를 받아야 합니다.
책값은 뒤표지에 있습니다.
파본이나 잘못 만들어진 책은 구입하신 곳에서 교환해 드립니다.